철학의 욕조를 떠도는 과학의 오리 인형

철학의 욕조를 떠도는 과학의 오리 인형

서동욱 엮음

과학의 철학적 기원

사이언스 북스
SCIENCE BOOKS

이 책에 대하여

철학의 욕조, 고무 오리 과학자의 즐거운 물놀이

　고무 오리가 욕실 구석에 웅크리고 있으면 슬프다. 휴일의 해변처럼 욕조는 웃음소리로 가득해야지. 오리 인형의 기쁨이 보고 싶다면 그에게 부력을 만들어 주자. 새로운 학문은 늘 이런 부력을 타고 사방으로 퍼지는 태양의 웃음소리를 내며 떠오르니까 말이다.

　지중해라는 욕조에 물이 담기자 모험의 바람에 부풀어 오른 돛들이 바다를 쟁기질하는 배들을 별자리의 좌표 아래 놓았다. 철학을 낳고 부양하는 그리스와 이오니아의 도시들이 예쁘게 색칠한 튜브들처럼 부력을 타고 역사 속에 모습을 나타내고, 인간들의 재잘거림을 실어나를 배들을 부른 것이다.

　세월이 흘러 근대의 욕조에는 이성의 자신감 또는 철학의 물결이 넘실거렸다. 새로운 오리 인형 하나가 마치 그 물결이 밭고랑이라도 되는 듯 열심히 경작하며 모이를 수확하기 시작했다. 바로 과학의 오리 인형 말이다. 이 책은 저 과학의 오리 인형을 둥둥 뜨게 만든 물결로서의 철학을 다룬다.

과학이란 열매는 하나의 사고 방식 위에 실려 떠가고 있고 우리는 수시로 생각의 냇가에서 그 열매를 건져내 수확의 기쁨 속에 한입 크게 베어 문다. 과학보다 나이가 많은 그 사고 방식이란 무엇이며 누가 준비하는가? 바로 철학이다. 과학이 가능하기 위해선 과학이 놓이기 위한 사고 방식의 좌표, 철학이 필요했다. 과학은 명인의 바둑 같은 것이지만, 명인이 바둑판 자체를 만들지는 않는다. 바둑판의 먹줄들은 철학으로부터 올 것이다.

그러나 철학이 한 시대의 사고 방식을 만들어 내는 것은 아니다. 철학은 시대에 응답할 뿐이며, 그렇게 시대의 사유를 가시화한다. 철학은 모기가 물었을 때 감염의 효과가 모이는 피부 위의 가려운 붉은 지점처럼, 한 시대의 사유의 방향이 모이는 지점을 개념을 통해 표시한다. 그래서 중세의 신이 아니라 인간의 이성에 의해 질서 지워진 세계, 목적을 향해 운동하는 사물들이 아니라 기계처럼 움직이는 사물들의 세계, 수(數)를 통해 측정할 수 있는 것 등등 인간이 세상을 사유하는 방식이 철학을 통해 근대의 수면 위로 '푸' 하고 공기를 내뱉으며 위대한 머리를 든다. 그리고 그 머리가 오늘날에 이르기까지 위대한 과학을 사유하고 있다.

철학은 근대에 와서 이성이 세계의 질서 자체임을 깨달았다. 이 이성은 등불처럼 환한 공간을 열어놓고 암흑 속에 갇혀 있던 사물들이 그 공간으로 들어와 빛나게 한다. 사물들을 빛나게 하는 저 이성의 질서란 바로 수이다. 수라는 질서를 이성이 열고 수의 실을 엮으며 기하학과 물리학의 비단이 자연 위에 펼쳐졌다. 그리고 자연은 오로지 수에 응답하는 자로서, 과학에 응답하는 자로서 자신을 알려오게 되었다.

누가 이 수적 질서라는 베틀을 만들어 과학의 비단이 펼쳐지도록 만들었는가? 이 책이 다루는 주요한 인물은 베이컨, 데카르트, 버클리, 스피노자, 라이프니츠, 흄, 칸트, 셸링, 헤겔 등이다. 철학의 역사에 대해선 우리는 잘 알고 있다. 그러나 철학자들이 열어놓은 사유의 질서가 어떻게 필연적으로 과학과 연결되었는지에 대해서 한 권의 책을 통해 일목요연한 이해를 구한 적이 드문 듯하다. 이 책은 바로 이러한 이해의 요구를 충족시키려고 한다. 근대로부터, 오늘날의 현대인들이 인정하는 과학의 정신이 씨앗을 터뜨렸다면, 그리고 그 과학이 근대적 사유의 정체를 알려준다면, 근대 철학자들은 무엇보다 과학과의 관련 속에서 조명되어야만 한다.

구체적으로 이 책에서 철학은 어떻게 과학을 위한 토양을 마련하는가? 또 과학은 붉은 물감을 부은 흙에서 붉은 수수가 자라고, 노란 물감이 젖은 흙에서 믿을 수 없이 아름다운 개나리가 자라나는 것처럼, 어떻게 철학의 토양을 따라 자신의 모습을 그려 내는가? 이 책은 과학과 관련된, 철학자들의 고전적인 저작 하나하나를 구체적으로 살피며 저 물음에 대한 대답을 찾는다. 이런 작업을 통해, 라이터돌처럼 회전하며 인간 정신에 불꽃을 일으켰던 근대 철학의 위대한 과학 관련 저술들이 다시 극장을 위해 상자 속에서 꺼내진 인형들처럼 빛나기를 바란다.

이 책의 1부는 과학이 어떻게 철학의 수면 위로 떠오르는지를 그리고 있다. 전체를 개괄하는 1장은 기원전 800년 호메로스부터 니체, 그리고 현대 사상에 이르기까지, 과학과 그토록 거리가 멀어 보이는 신화와 공상 등이 실은 과학의 출항을 가능하게 하는 대양의 부력이었다는 것을 보여 준다. 그리고 현대 학문에 어떤 식으로 널리 과학 정신이 스며들고 있는지 역시 탐색한다. 가령 니체는 말한다. "'창조자'라는 의미에서의 '물리학자'가 되어야 한다." 프루스트는 『잃어버린 시간을 찾아서』에서 "과학의 세계의 인과율이라는 독보적인 관계에 비견될 만한 관계를 예술의 세계에서" 발견하고자 한다. 창조자와 예술가의 정체는 과학자인 것이다.

근대라는 새로운 세상의 첫 아침은 2장의 베이컨과 함께 열린다. 베이컨의 『학문의 진보』는 근대 과학 혁명의 정신을 대표한다. 원하든 원치 않든 사람들은 베이컨 사상의 가장 핵심적인 한 마디를 이미 알고 있다. "*scientia est potentia*.", 즉 "아는 것이 힘이다." 베이컨의 이 말이 바로 우리가 지금 둥지 틀고 살아가는 세계를 열었다. 베이컨이 중요하게 생각한 것은 쓸모없고 낡은 과학적 지식이 아니라 인쇄술, 화약, 나침반이다. 그는 과학을 실용적 관점에서 바라본 최초의 근대인인 것이다. 베이컨은 실용적 기술을 낳지 않는 과학은 무용하며, 과학의 실용성이 지상 낙원을 가져오리라 믿은 최초의 실용주의자다. 또한 그는 오늘날 환경 문제 등 과학 기술이 만들어 내는 엄청난 재앙 역시 예견한 듯 과학의 부도덕한 오용을 경계하고 있으며, 그런 의미에서 우리 시대의 철학자이기도 하다.

2부에서는 광학의 문제를 다룬다. 왜 하필 광학인가? 인간 이성은 눈이라는 기관을 통해 세상을 바라보고 사유하며, 따라서 이성의 질서는 세상이 눈에 들어오는 방식, 바로 광학을 통해 표현되기 때문이다. 데카르트와 버클리는 근대의 주요한 철학자인 동시에 대표적인 근대 광학의 사상가이다. 3장에서 다루는 데카르트는 자연이 이성의 질서대로 짜여 있다고 생각했다. 이 이성의 질서란 다름 아닌 기하학이다. 그리고 이성은 눈을 통해 자연을 파악한다. 따라서 우리의 시선도, 빛도 기하학적 법칙을 따르지 않겠는가? 그렇다면 시선이란 기하학적 공간을 더듬을 수 있는 맹인의 지팡이 같을 것이며, 기하학적 궤도를 따라 움직이는 테니스공 같을 것이다. 이것이 합리론적 과학론을 대표하는 데카르트의 『굴절 광학』의 세계이다.

데카르트의 『굴절 광학』이 유럽 대륙에서의 광학론을 대표한다면, 4장에서 다루는 버클리의 『새로운 시각 이론에 관한 시론』은 저 작품을 비판하며 영국 경험론 철학이 과학적 주제에 어떻게 접근하는지를 알려준다. 버클리에게 과학은 실재하는 사물의 본성이나 필연적인 인과율 등을 밝히는 데서 자신의 사명을 찾지 않는다. 과학의 역할이란 경험을 통해 자연에서 일어나는 일들을 '예측'하는 것이고 그 예측을 통해 삶에 '유용성'을 제공하는 것이다. 즉 실재물의 본성을 아는 것이 관건이 아니다. 또한 '신(神)'이라는 비과학적 개념이 과학과 어떤 연결 고리를 가지는지 역시 버클리는 흥미롭게 추적한다.

3부는 사물이란 무엇인가에 관해 묻는다. '사물들의 이치'는 무엇인가? 5장은 스피노자의 대표작 『윤리학』을 통해 이 물음에 답하고

이 책에 대하여

자 한다. 오래도록 사람들은 사물의 본성을 고정된 것으로 생각해 왔다. 스피노자의 독특함은 바로 한 사물의 정체를 그때그때 다른 사물과 맺는 관계, 그리고 운동과 정지의 비율의 관점에서 이해했다는 점이다. 그러니까 물리적 사물이란 고립되고 고정된 것이 아니라, 늘 움직이는 것, 다른 사물들과 맺는 관계에 따라 변화하는 것이다. 그렇다면 인간이란 사물 역시 고립된 본성을 지니는 것이 아니라, 다른 사물과의 관계 속에서 계속 변화하는 사물 아닌가? 그리고 기술적 환경과의 관계에 따라 변화하는 인간이란 개념은 오늘날 포스트휴먼의 핵심 아닌가? 이렇게 근대의 스피노자는 포스트휴먼적인 우리의 미래를 열어 준다.

사물이 그저 정지해 있는 것이 아니라면, 죽은 물체라는 측면에서가 아니라 '살아 있는 힘'이라는 관점에서 사물의 이치를 따져야 하지 않을까? 6장에서 다루는 라이프니츠의 『형이상학 논고』가 그 물음에 답을 주고 있다. 라이프니츠는 놀랍게도 이렇게 말한다. "모든 것은 영혼 있는 물체로 가득 차 있다고 믿습니다." 그는 사물들 안에 있는 힘을 영혼이라는 이름으로 부르고 있다. 그렇다면 물리적 사물들의 이치란 결국 살아 있는 영혼의 표현, 곧 생물학의 표현일 것이다. 이런 독특한 사유의 한 지점을 라이프니츠는 철학과 과학의 역사에 표시하고 있다.

4부는 근대가 이룩한 가장 빛나는 두 방향의 성과를 다룬다. 하나는 미신의 극복이고, 다른 하나는 기념비적인 뉴턴 물리학의 기반이 무엇인지에 대한 해명이다. 각각의 과제는 흄과 칸트가 떠맡는다. 7장에서 다루는 흄은 『자연 종교에 관한 대화』를 통해 온갖 선입견과 미신으로부터 인간을 깨워낸 날카로운 지성의 소유자다. 흄을 통해 신은 철학과 과학의 영역으로부터 결정적으로 떠나게 된다. 그는 신뿐 아니라, 철저한 과학의 정신 아래 과학 법칙의 필연성 역시 문제에 부친다. 이런 작업은 필연적 법칙이 아니라 확률적 법칙이 지배하는 양자 역학의 세계를 멀리서 예고하고 있기도 하다.

8장은 칸트의 『자연 과학의 형이상학적 기초』가 어떻게 뉴턴의 물리학에 철학적 기반을 마련해 주는지 다룬다. 보편 필연적인 물리학의 법칙은 어떤 바탕 위에서 가능할까? "신의 무한하며 균일한 감각 기관"이 시공간을 지배하고 있어야만, 시간과 공간 속의 법칙도 균일하고 필연적이지 않은가? 이렇게 뉴턴처럼 생각한다면 과학은 형이상학이나 신학이 될 것이다. 칸트는 이런 과학의 위기를, 과학의 바탕에서 신의 필연성과 보편성이 아니라 인간 이성의 필연성과 보편성을 찾음으로써 극복한다.

5부는 자연 과학적 현상을 정신, 신적인 이념 등을 포함한 세계 전체 안에서 이해해 보려는 독일 관념론의 흥미로운 시도를 살펴본다. 독일 관념론의 야심은 자연을, 실험과 관찰 등을 통해 조그만 기계론적 법칙들을 알아 가는 좁은 자연 과학의 영역 안에 두려 하지 않았다. 자연은 절대자의 얼굴로서, 절대자의 법칙이 실현되는 장이다. 9장은 독일 관념론의 자연에 관한 사상을 대표하는 작품 가운데 하나인 셸링의 『자연 철학의 이념』을 다룬다. 셸링은 말한다. "자연은 가시적 정신이며, 정신은 비가시적 자연이어야만 한다." 자연과 정신은 같은 것이다. 곧 자연 법칙과 정신의 법칙은 동일하며, 하나의 절대자의 법칙임을 셸링은 보여 주고자 한다.

10장은 독일 관념론의 완성자 헤겔의 자연에 대한 사상을 집대성하고 있는 『엔치클로패디』의 2부를 탐구한다. 헤겔에게서도 자연 법칙은 절대자의 법칙의 일부이다. 이런 관점에서 헤겔은 자기, 전기, 화학 과정 등을 좁은 의미의 자연 과학 안에 고립시키지 않고, 절대자의 법칙이 구현된 모습으로 그려 나간다. 그리하여 자연 법칙에서 인간 사회의 법칙까지 단절 없이 서로 연결된 거대한 개념의 초상화가 모습을 드러낸다.

이 책은 과학과 독자 대중 사이의 중요한 연결 고리 역할을 해 온 ㈜사이언스북스의 많은 배려를 통해 탄생했다. 무엇보다 각 분야의 전문적인 필자 선생님들의 열성적인 참여가 없었다면, 과학의 철학적 기원을 찾는 이 기획은 책의 육신을 얻지 못한 채 떠도는 몽상에 그쳤을 것이다. 이 자리를 빌려 감사의 말씀을 드린다. 아울러 뛰어난 솜씨로 편집과 출간을 진행해 주신 ㈜사이언스북스 편집부 식구들, 출판 과정 내내 헌신적으로 책의 교정 작업에 참여해 주신 홍우람 교수님, 박경남 박사님께도 감사드린다.

2021년 봄의 문턱에서
엮은이 서동욱

1부

과학이 자연을
인간의 손에 넘겨줄 때

1장

과학의 대항해선을
밀고 나가는 물결

호메로스부터 니체까지

Homeros, B.C. 800?

Friedrich Wilhelm Nietzsche, 1844~1900

아킬레우스의 새 무기를 선물하는 헤파이스토스.

1. 과학이 가능하기 위한 근거를 탐색하는 철학

르네상스가 열어놓은 근세의 여명기부터 현대 철학의 입구에 해당하는 게오르크 빌헬름 프리드리히 헤겔(Georg Wilhelm Friedrich Hegel, 1770~1831년)에 이르는 기간은 인류가 눈부신 자연 과학을 발전시켜 오늘날 우리가 살고 있는 세계의 터전을 만든 시기이다. 그런 점에서 이 시기 자연 과학이 구축되어 가는 모습을 살피는 것은, 우리가 누리는 세계의 기원을 살펴보는 더할 나위 없이 중요한 공부거리가 될 것이다. 자연 과학의 성격과 그 법칙의 본성은 어떤 것인지 사색해 과학에 기초를 제공해 준 것이 바로 이 책에서 다루려는 철학자들의 과학에 관한 고전적 명작들이다.

이 명작들을 하나하나 구체적으로 살피기에 앞서 이 장에서는 철학이 과학에 대해 수행하는 바의 정체가 무엇인지를 개괄하려 한다.

한마디로 철학은 과학의 배후에서 과학적 탐구를 가능하게 하고 그 탐구에 추진력을 제공하는 기초, 즉 '과학의 기원'을 마련하고 또 탐색한다. 과학의 기원이란 과학에 앞서는 것이며 그런 의미에서 과학이 사유하지 못하는 것, 과학이 아닌 것이다. 그러나 욕조에 물을 받아야 어린이들을 환호하게 만들며 멋진 고무 오리 인형 또는 거대 오리 항해선이 항해를 시작하듯 과학은 과학의 시선에 들어서지 않는 자기 발밑의 어두운 물결, 과학 아닌 것의 부력을 필요로 한다. 과학의 배를 밀어붙이는 저 물결의 비밀에 대해 철학은 무엇을 말하는가?

이 글은 세 가지 차원에서 이 물음을 다루어 보려 한다. 먼저 과학적 탐구의 배후에서 과학의 추동력으로서, 가장 비과학적이라 일컬어지기도 하는, 마음의 '예언적·상상적 활동'을 읽어 낸다. 그리고 이 예언적·상상적 활동의 바탕에 있는 인간 마음의 '지배와 전체화'에 대한 관심을 드러낼 것이다. 이 지배와 전체화에 대한 관심이 사실 근대 과학의 눈부신 성과의 바탕에 자리 잡고 있다. 그런 연후 오늘날 진행 중인 현대 철학은 어떻게 근대와는 다른 방식으로 과학적이려고 하는지를 살필 것이다. 이러한 탐구가 걸쳐 있는 시간적 범위는 호메로스(Homeros, 기원전 8세기경)에서 현대에 이르는 기간이다.

2. 과학을 가능하게 하는 것은 예언?!

과학은 예언 같은 미신을 정말 싫어하지만, 놀랍게도 과학적 탐구는 예언에 빚지고 있다. 이런 질문에서 시작해 보자. 과학적 탐구의 일종으로서, 인간은 언제부터 로봇에 대한 꿈을 꾸어 왔을까? 18세기에 자크 드 보캉송(Jacques de Vaucanson, 1709~1782년)은 플루트를 연주할 수 있는 기계 인간, 소화까지 시킬 수 있는 자동 오리를 만들었다. 그 전에 르네 데카르트(René Descartes, 1596~1650년)는 죽은 딸과 똑같이 생긴 기계 인형을 만들었다는 '소문'을 남기기도 했다. 그러나 로봇에 대한 꿈은 이보다 더 멀리, 호메로스가『일리아스』를 손질하던 기원전 8세기로까지 거슬러 올라간다. 대장장이의 신 헤파이스토스의 대장간에는 황금으로 제작한 하녀 로봇들이 일을 보고 있었던 것이다.

> 황금으로 만든 하녀들이 주인을 부축해 주었다.
> 이들은 살아 있는 소녀들과 똑같아 보였는데
> 가슴속에 이해력과 음성과 힘도 가졌으며
> 불사신들의 수공예도 배워 알고 있었다.[1]

금시계처럼 고급스러운 이 하녀 로봇들은 단순한 기계처럼 단지 육체 노동만 하는 게 아니다. "가슴속에 이해력"도 지녔다. 즉『일리아스』시절의 그리스 인들은 오늘날의 우리처럼, 이해력을 갖춘 '인공 지능'을 꿈꾸고 있었던 것이다. 고대 그리스 인들은 대장간의 신 헤파이스토스에게서 단지 원시적인 대장장이의 모습을 구현하고자 했던 것이 아니라, 인공 지능을 갖춘 최첨단 로봇 기술자를 꿈꾸었던 것이다.

1장 과학의 대항해선을 밀고 나가는 물결

또 다른 예를 보자. 우리 시대는 자원 고갈, 환경 오염 등등 지구에서의 삶의 조건 변화에 대한 자각과 더불어 다른 천체로의 이주 문제를 생각하기 시작했다. 사람들은 화성으로의 이주를 꿈꾸는 일론 리브 머스크(Elon Reeve Musk, 1971년~)의 계획을 흥미롭게 바라보기도 하고, 황당하다는 듯 바라보기도 한다. 민간 우주선 시대를 열고자 하는 그의 회사 스페이스X는 얼마나 멀리 개척지를 향한 희망의 불꽃을 쏘아 올릴 수 있을까? 그러나 당장 근시일 내가 아니더라도 언젠가 지구의 사용 기간이 만료되면 다른 천체로 이주를 해야 하리라는 전망은 요즘 나온 새로운 것이 아니다. 귀스타브 플로베르(Gustave Flaubert, 1821~1880년)는 1881년 출간된 유작 『부바르와 페퀴셰(*Bouvard et Pecuchet*)』에 다음과 같이 쓰고 있다.

별에도 가게 될 것이다. 지구를 너무 오래 사용해서 소모되면, 인류는 별로 이사하게 될 것이다.[2]

오늘날 사람들이 생각하는 용도 폐기된 지구, 다른 천체로의 이주 기획은 이미 플로베르 시대의 것이었다. 흔히 사람들이 우리 시대에 비해 과학적으로 덜 성숙했다고 여기는 인류 역사의 저 옛날에도 인류는 우리와 매우 유사한 취향의 과학적 호기심을 가지고 있었던 것이다.

그리고 바로 저 호기심이 있었기에 오늘날과 같은 과학적 성취 역시 있는 것이다. 이해력까지 가지고 있는 하녀 로봇의 꿈이 인공 지능의 성취를 낳고, 별로 이사하는 플로베르의 꿈이 화성 이주를 계획하는 회사의 설립을 가능하게 한다. 도구(로봇 하녀나 화성으로 가는 우주선)에 대한 옛사람들의 아득히 먼 꿈으로부터 현대에 이르기까지 과학은 자라나 왔다. 이 점을 마르틴 하이데거(Martin Heidegger, 1889~1976년)는 이렇게 인상 깊게 표현하고 있다. "'과학'은 단지 도구 제작 등의 특정한 번져 나감이 낳은 멀리 떨어져 있는 하나의 어린 가지에 불과하다."[3]

그런데 기원전 8세기의 인공 지능 하녀나 19세기의 다른 천체로의 이주 계획은 어떤 과학적 수단(실험적 수단)을 통해서도 증명될 수 없는 '예언적인 것' 아닌가? 그런데 이런 예언적인 것의 인도를 받으면서 사람들은 과학적 탐구의 과제를 설정해 나가는 것이다. 미신에 빠져 점쟁이를 찾은 이처럼 과학은 예언에 이끌려 한 번도 가 보지 못한 영역으로 나간다. 그리고 예언에 이끌린 과학은 미래의 어느 날 그 예언을 과학의 고유한 법칙을 통해 실재하게 만든다. 결국 과학을 가능케 하는 것은 과학 그 자체가 아니라, 과학적 지식의 자격을 갖추지 못한 예언이다. 과학은 예언 또는 공상적인 억견(臆見)이 자신 안에 들어오는 것은 용인하지 못하지만, 역설적이게도 예언적이고 공상적인 인간 마음 위에 실리고서만 드넓은 대양 위에 떠 있는 함선처럼 항해할 수 있다.

3. 지배와 전체화: 근대 과학의 본성

그런데 저와 같은 상상, 즉 인공 지능 하녀를 마음껏 부리고 미지의 별로 이사하는 상상은 인간 마음의 어떤 욕구를 충족시켜 주는 것일까? 그것은 바로 '전체화'의 욕구를 충족시켜 준다. 더 정확히 말하면 저 상상들은 '지배를 통한 전체화'의 달성이라는 욕구를 충족시켜 준다.

왜 관건이 '지배'의 문제인지는 명확할 것이다. 로봇이 제공하는 편리함이란 무엇인가? 세상의 저항은 나에겐 노동의 고단함으로 나타난다. 가령 인간은 선사 시대부터 고분고분 말을 듣지 않는 땅을 개간해야 먹고살 수 있었다. 노동 속에서 내가 겪는 고통을 통해 세계는 나에게 저항한다. 노동의 고통을 치유하는 로봇의 봉사란 바로 나에게 저항하는 세계를 굴복시키고 지배하는 일을 뜻한다. 다른 별로 이주하여 식민지를 건설하는 일 역시 말할 것도 없이 '지배'이며, 소유권의 확장, 부의 증대이다.

이런 지배를 통해 인간은 자신의 힘의 범위 안에 들어가는 전부, '전체'를 계속 확장해 나가려 한다. 그러므로 '지배는 곧 전체화'이다. 그리고 이 전체란 그야말로 칸트적인 의미에서 이성의 '이념'의 지위를 지니는 것이다. 마음은 늘 전체화하고자 하는 욕구를 가지지만 막상 전체 자체는 전혀 경험되지 않는다는 뜻에서 말이다. 가령 우리는 우주 전체에 대한 앎을 원하며, 더 나아가 우주 전체를 다 가 보고 싶어 할지도 모르지만, 이런 전체에 대한 욕구에 해당하는 우주 전체에 대한 경험이란 있을 수 없다. 또 다른 예를 들면 우리 인생 역시 마찬가지다. 우리는 우리의 인생 '전체'를 염두에 두면서(생각하면서), 삶의 한 시기 한 시기를 경험하지만, 한 편의 영화 관람을 완결 짓듯 인생 전체를 경험할 수는 없다.

경험 불가능한 전체에 대한 마음의 욕구가 과학의 탐구를 이끄는 추동력이 된다. 전체 세계를 지배하고 싶어 하기에 로봇을 연구하고 물리학을 공부하며, 전체 우주를 자유롭게 내 손 안에 두고 싶어 하기에 우주 탐사가 시작되는 것이다. 즉 경험 과학은 전체를 지배하려는 욕구에 이끌린다. 철학은 바로 과학의 추동력이 되는 인간의 이 욕구를 연구 대상으로 삼는다.

전체에 대한 인간의 저 관심이 바로 철학의 시작 자체를 지배하고 있었다. 우리는 이른바 최초의 철학자인 탈레스(Thales, 기원전 6세기)의 사색에 대해 알고 있다. 그는 원천, 즉 아르케(*archē*)에 관심을 가졌으며, '물'을 원천의 이름으로 제시했다. 철학자의 이 사유는 자연 과학적 탐구로도 일컬어지는데, 아리스토텔레스(Aristoteles, 기원전 384~322년)의 『형이상학』에 나오는 다음과 같은 설명에서 우리는 탈레스의 자연 과학자로서의 면모를 읽을 수 있다.

그런 철학(원천을 탐구한 철학)의 시조(始祖) 탈레스는 물이 그런 원리라고 천명했다. (이런 이유에서 그는 땅도 물 위에 떠 있다고 말한다.) 아마도 그는 모든 것의 양분 속에는 습기가 있고 열기조차도 그것으로부터 생겨나고 또 그것에 의해 살아 있는 것을 보고서 그런 판단을 내렸을 것이다. (생성이 유래하는 출

처, 이것이 모든 것의 원리다.)[4]

아리스토텔레스는 물이 만물의 원천이라는 결론에 도달한 탈레스의 사유 과정을 일종의 과학적 추론으로 보고 있다. 아리스토텔레스의 이 같은 설명으로부터 어떤 이는, 기본적인 과학 정신에 의해 인도되고 있지만 조야하고 서툴며 (원시적인) 최초의 자연 과학의 초상화를 목격할지도 모르겠다.

놓쳐서 안 되는 점은, 아리스토텔레스의 저 설명은 틀린 것은 아닐지 모르나 탈레스 사유의 진정한 의의를 다 보여 주지는 못하고 있다는 것이다. 탈레스 사유의 대단한 규모를 알기 위해선 '물'이라는 답변보다도 '만물'에 대해 의혹을 제기하는 질문, '만물의 원천은 무엇인가?'라는 물음 쪽을 들여다보아야 한다. 만물을 예외 없이 '모아서' 자기 아래 두고 있는, 즉 '전체'를 자기 아래 두고 있는 원리, 즉 아르케가 인간의 관심사로 떠올랐음을 저 질문은 알려주고 있는 것이다. 탈레스와 더불어 서구 세계에서 오래도록 통용되는 학설의 뜻이 확립된 것이다. 학설이란 바로 '전체'에 대한 사유의 표현인 것이다.

이러한 점은 다른 자연 철학자들에게서도 마찬가지다. 한 예로, 만물의 원천을 로고스(logos)라고 했던 헤라클레이토스(Heracleitos, 기원전 540~480년)의 사상을 전하는 구절들에는 이런 내용들이 나온다. "**전체를 다스리는 로고스**",[5] "대립하는 것은 **한곳에 모인다.**"[6] 이 구절들은 모두 전체를 지배하는 원리(로고스), 모든 것을 한곳에 모으는 원리를 강조하고 있다. 헤라클레이토스의 저와 같은 사상은 최초의 철학자들의 관심사란 바로 모든 것을 한데 모아 전체로서 지배하는 원리, 즉 '전체화'임을 잘 알려주고 있다.

전체를 떠받치고 있는 근거인 아르케를 고대인들은 '히포케이메논(ὑποχείμενον)'이라는 말을 통해서도 일컬었다. 히포케이메논은 모든 것을 모아들여 떠받치고 있는 근거라는 뜻을 지닌다. 히포케이메논의 라틴 어 번역어가 *subjectum*이고, 이 말이 오늘날의 서양 언어 속에 상속되어 subject(주체)로 자리 잡았다. 그리고 근대 이래 이 주체라는 말은 '인간'이라는 말과 꼭 붙어 버리게 된다. 즉 주체는 '인간 주체'가 된다. 애초에 인간과는 전혀 상관이 없던, 만물을 한데 모아 떠받치고 있는 근거의 자리를 갑자기 인간이 차지하게 된 것이다.

그런 변모를 대표하는 것이 바로 데카르트의 철학이다. 널리 알려진 대로 데카르트는 '코기토 명제'를 통해, 가장 확실한 앎의 토대는 자신의 의식이라는 것을 발견하였다. 그런데 이 의식은 어떻게 모든 것, 전체를 모아 떠받치는 기반이 되는가? 데카르트가 발견한 바는, 진리에 대한 인식은 외부 세계의 경험으로부터 얻어지지 않는다는 것이다. 오히려 의식 내재적인 관념들이 이루는 질서가 곧 외부 세상의 참된 질서이다. 의식 안에 들어 있는 이 관념들을 '본유 관념'이라 부르며, 이 관념들에는 수학과 기하학이 속한다. 이 수학과 기하학적 관념들 덕에 우리는 세계를 수학적·기하학적으로 파악할 수 있는 것이지, 세계를 경험하는 일을 통해 이 관념들을 형성하는 것은 아니다. 우리는 경험의 힘을 빌리지 않고도 원의 개념(가령, '원은 한 점으로부터 거리가 같은 무수한 점들의 집합이다.'와 같은 개념)에 스스로의 사유만을 가지고 도달한다. 그리고 이런 원의 개념을 가지고 있기에, 경험 중의 사물들을 원형(원형으로 된 태양, 접시 등등)으로 파악한다. 요컨대 세계 안의 대상의 존재 방식(수학적·기하학적 질서를 따르는 존재 방식)의 원천은 인간의 사유에 있으며, 그런 뜻에서 인간은 가히 히포케이메논이라고, 즉 '주체'라고 불릴 만하다.

이런 방식의 인간의 주체됨이 바로 근대 과학 및 그에 기반을 둔 근대 기술 문명의 뿌리에 놓여 있는 사건이다. 세계 전체, 존재자 전체를 수리 물리학적으로 파악하는 근대의 과학적 학문은 인간의 사유가 자신에게 이미 알려진 수리 물리학적 관념을 통해 연구 영역을 열어놓는 데서 성립하였다.[7] 수리 물리학적으로 구성된 연구 영역에 들어서는 것만이 근대 학문에 대상으로서의 정체성을 가지고서, 참된 인식의 대상으로서 떠오른다. 구체적으로 수리 물리학적으로 짜인 근대의 이 연구 공간은 이렇게 묘사될 수 있을 것이다. 하이데거의 말이다.

운동이란 장소의 이동을 의미한다. 어떤 특정한 운동이나 운동의 방향이 다른 어떤 운동이나 운동의 방향에 비해 우월한 것은 결코 아니다. 각각의 장소는 모두, 각각의 다른 장소와 동등하다. 어떤 시점도 다른 시점보다 우월하지는 않다. 모든 힘은, 그것이 얼마나 큰 운동을 초래하는가, 즉 동일한 시간적 길이 속에서 얼마나 커다란 장소의 이동을 초래하는가에 따라서 규정된다. 자연의 이런 밑그림 속에서는 (자연의) 모든 진행 과정이 투시되어야 한다. **이러한 밑그림의 시야 속에서 자연의 진행 과정 자체가 비로소 보**

이게 된다.[8]

　문자 그대로 이와 같은 수리 물리학적 질서는 대상이 출현하기 위한 밑그림 같은 것이다. 수리 물리학적 질서 속에서 대상은 비로소 정체 파악이 가능한 것이 된다. 예컨대 강물은 수량으로, 산과 언덕은 해발 고도로 표기 가능하게 된다.

　자연에 대한 이런 수리 물리학적 파악의 새로움은 무엇인가? 가령 그 새로움은 '탈신성화'로 표현될 수 있다. 근대 이전에 자연은 토테미즘과 애니미즘 속에서 출현하였다. 고등 종교의 경우 자연은 기적 속에서 출현하였다. 토테미즘이 되었건 애니미즘이 되었건 기적이 되었건, 이것들은 모두 자연이 신성(神性)을 가지고 출현하는 방식들이었다. 근대 이후로 이런 방식들은 진리의 영역에서 사라져 버린다. 가령 바뤼흐 스피노자(Baruch Spinoza, 1632~1677년)의 『신학 정치론(*Tractatus Teologico-Politicus*)』의 해명 이래, 기적은 불가능한 것으로 치부되어 버린다. 토테미즘과 애니미즘은 다듬어지지 않은 인간 정신의 미신적 오용에 속하는 것이 되었다. 이렇게 자연으로부터 신성은 사라졌다. 이제 자연에 대한 참된 인식이란 어떤 것인가? 그것은 수리 물리학적 법칙 속에서 이해된 자연 외에 다른 것이 아니다. 그리고 근대의 수리 물리학을 뿌리에 두고 근대 기술이 탄생하게 된다. 근대 기술의 탄생이란 한마디로 자연에 대한 인간 지배의 완성에 대한 약속이라 할 수 있을 것이다. 강은 수력 발전소를 세우기 위한 자원으로서 계산되고 지배되며, 산은 생산할 수 있는 목재의 총량으로서 수치화된다.

인간이 히포케이메논의 자리를 차지한 사건, 인간이 주체가 된 사건, 곧 근대란 인간이 자신의 이성 안에서 파악한 원리(아르케)를 통해 자연 전체를 지배한 사건인 것이다.[9] 자연은 인간 이성에 내재한 원리, 즉 수리 물리학적 원리 아래 한데 모인 '전체'가 되었다. 요컨대 근대 과학은 전체화하고 지배하는 성향을 강하게 소유한 인간이라는 대양 위에 떠 가며 이 인간이라는 어린아이를 즐겁게 해 주는 장난감 함선인 것이다.

4. 근대 과학 너머, 그러나 여전히 과학을 향하는 우리 시대

이 책이 다루는 철학자들의 빛나는 과학 저작들은 전체의 원리를 찾는 철학의 관심이 그 원리를 인간 주체에게서 발견한 근대의 특별한 기풍에 많은 부분 빚지고 있다. 이러한 근대의 기풍과 거기에 실려 떠 가는 과학적 탐구는 오늘날까지도 생명력을 지니고 있다. 오늘날 사람들이 열광하는 인공 지능, 머나먼 천체로의 여행 등등은 모두 그간 과학적 탐구를 이끌어 온 전체화와 지배의 관심에 빚지고 있다.

그런데 오늘날은 또한 근대 이래 발전해 온 과학의 정신에 회의(懷疑)의 눈빛을 던지며 과학을 반성하는 시대이기도 하다.[10] 프랑스 소설가 미셸 투르니에(Michel Tournier, 1924~2016년)의 『메테오르(Les Météores)』는 제목 그대로 기상 현상을 주제로 삼고 있는 소설인데, 기상의 과학, 즉 기상학이 과학의 시선으로 기상의 비밀을 결코 다 밝

혀내지 못할 것이라고 말하고 있다. "외면적으로만 하늘의 현상을 알고 그것을 역학적 모델로 환원시키려는 기상학의 빈곤함. 변덕스런 날씨가 아무리 일기 예보를 곤혹스럽게 하더라도 기상학의 어리석은 고집을 꺾지 못한다. …… 하늘은 어느 물리학자의 머리가 수용하는 것보다 많은 것을 내포하고 있다."[11] 이 구절은 과학은 인위적으로 꾸며진 자신의 좁은 실험 환경 속에 자연을 구겨 넣고 법칙화하려 하지만 자연은 늘 과학의 법칙을 넘쳐난다는 것을 단적으로 보여 준다. 우리가 이제 살펴볼 그런 회의와 반성은 모리스 메를로퐁티(Maurice Merleau-Ponty, 1908~1961년)의 언명에서 잘 드러난다. 그는 『눈과 마음(L'Oeil et l'esprit』(1964년)에서 다음과 같이 쓰고 있다.

과학은 사물들을 조작하며, 사물들에 거하기를 포기한다. 과학에는 과학에 내재하는 모델이 주어지며, 모델을 이루는 지수와 함수에는 이와 같은 지수와 함수의 정의가 허용하는 만큼의 변형이 가해진다. 그러면서 **과학과 현실 세계와의 거리는 점점 멀어질 뿐이다.** 예나 지금이나 과학은 모든 존재를 '대상 일반'으로 다루는 놀랍도록 능동적이고 기발하고 거침없는 사유, 곧 편견이다. 다시 말해, 과학이 모든 존재를 다루는 것을 보면, 존재란 우리에게 별로 중요하지 않지만 그럼에도 우리에게 이용당할 운명에 처해 있는 그런 것인 듯하다. …… **과학의 구성적 실천이, 현실 세계와 무관한 자율적 작업으로 여겨지고, 현실 세계와 무관한 자율적 작업으로 자처하고 있다. 사유는 사유에 의해서 고안된 취사선택 테크닉의 총합으로 끝내 축소되고 있다.** 사유한다는 것은 시도하는 것, 실행하는 것, 변형하는 것인데, **사유하기 위해서는 실험실**

과 같은 통제가 있어야 한다는 단서가 붙는다. 사유에 개입하는 현상들은 **고도로 '처리된' 현상들**뿐이며, **우리의 실험 도구들은 현상들을 수록한다기보다는 산출한다**고 하는 편이 낫다.[12]

이 인용은 과학이 '조작'을 통해서만 성립하며, 그런 이유로 자연("현실 세계")과 대면하지 못한다고 말하고 있다. 여기서 조작이란 가령, '어떤 조건 아래서 관찰한다면, 항상 ~이다'와 같은 조건문의 형태로 나타난다. '조건 마련'이라는 조작이 없는, 즉 '조건'을 설정하지 않는 실험과 관찰이란 없다. 그런데 이것은 결국 가공되지 않은 자연과 만나는 일을 '차단'하는 과학의 절차가 아닌가? 자연 자체는 어떤 조건에도 매개되지 않은 채 출현하는 까닭이다. 인간 지성에 내재한 수학적·기하학적 질서는 자연 자체의 질서와 동일시될 수 있는 것이기보다는, 즉 자연적인 것이기보다는 자연을 규정하는 하나의 '작위적인' 방식인 것 아닐까?

과학은 자연 자체와 만나는 길이라기보다, 조작적 행위 속에서 자연을 인간 지성의 법칙이 재단(裁斷)한 형태로 가공해서 출현시킬 뿐이라는 의심을 현대의 여명기에 피력한 대표적인 철학자가 프리드리히 빌헬름 니체(Friedrich Wilhelm Nietzsche, 1844~1900년)이다. 데카르트나 임마누엘 칸트(Immanuel Kant, 1724~1804년) 같은 이는 "우리가 자연에서 인식하는 것은 우리가 자연에 집어넣은 것이다."라고 말하며, 자연 안에서 인간 지성이 꾸민 질서를 목격하는 것을 즐겼다. 반면 니체는 『즐거운 지식(*Die fröhliche Wissenschaft*)』(1882년)에서 바로 이 점을 다음과 같이 의심한다.

오늘날 수많은 자연 과학자들이 만족하는 믿음, 즉 인간의 사유와 가치 개념 안에 이 세계의 등가물과 척도가 들어 있다는 믿음, 인간이 네모난 자그마한 이성으로 '진리의 세계'에 다가갈 수 있다고 하는 믿음의 경우도 마찬가지다. ― 무엇이? 우리가 정말로 우리의 실존을 그런 방식으로 계산 연습에 매달리는 하인과 골방에 처박혀 있는 수학자의 삶으로 타락시키려 한단 말인가? 인간은 자신의 실존이 지니는 '모호한' 성격을 벗겨내려 해서는 안 된다. 그대들 과학자들이여, 우리의 '좋은' 취향이, 특히 그대들의 지평을 넘어서 있는 외경심의 취향이 그것을 요구한다! '그대들이' 권리를 지니는 영역에서의 세계-해석만이, '그대들의' 의미에서(― 그대들은 이것을 '역학적'이라고 생각하겠지?) 과학적으로 탐구되고 계속해서 연구될 수 있는 세계-해석만이, 수를 세고, 계산하고, 무게를 달고, 눈으로 보고, 손으로 쥐는 것 외에는 아무것도 용납하지 않는 세계-해석만이 정당하다는 주장은 정신병이나 천치가 아니라면 우둔함이나 단순함의 소치이다. 반대로 현존재의 가장 표면적이고 외적인 것 ― 그 가장 외양적인 것인 인간의 피부와 감각 ― 이야말로 가장 먼저 파악된다는 것이 진실에 더 가깝지 않을까? ⋯⋯ 본질적으로 역학적인 세계란 본질적으로 '무의미한' 세계이다! 음악의 가치를 그것이 얼마나 숫자와 계산, 공식으로 환원될 수 있는가에 따라 평가한다면 ⋯⋯ 여기에서 음악은 아무것도, 전혀 아무것도 아닐 것이다![13]

1장 과학의 대항해선을 밀고 나가는 물결

이 구절은 인간 지성의 질서가 자연을 근거 지어 주는 근원이라는 데카르트 이래의 사유를 비판에 부친다. "자연 과학자들이 만족하는 믿음, 즉 인간의 사유와 개념 안에 이 세계의 등가물과 척도가 들어 있다는 믿음, 인간이 네모난 자그마한 이성으로 '진리의 세계'에 다가갈 수 있다고 하는 믿음"은 현대에 와선 의심의 대상이 된다. 이성의 수리 물리학적 질서는 자연에 대해서는 '임의적인 것'일 수 있는 것이다. 현대는 이렇게 인간 이성의 법칙이 자연 질서의 근거로서 지위를 가지는지에 대해 강한 회의를 품는다.

그러나 이는 결코 과학 자체에 대한 회의로 오해되어서는 안 된다. 오히려 '근대적 사고 방식에 대한 저 회의는 과학의 진정한 이상에 다가가 보려는 노력의 표현'으로 이해되어야 한다. 즉 조건에 매개되지 않는, 아무런 전제 없이 드러나는 자연의 법칙에 다가가려는 노력 말이다. 『즐거운 지식』의 또 다른 다음 구절이 알려주고 있는 것처럼 말이다.

새롭고, 일회적이고, 비교 불가능하고, 자기 스스로가 입법자이고, 자기 스스로를 창조하는 인간이 되고자 한다! 그러기 위해서는 세계의 모든 법칙과 필연성을 배우고 발견하는 일에 최고의 역량을 쏟아야 한다. '창조자'라는 의미에서의 '물리학자'가 되어야 한다. ─ 반면에 지금까지의 모든 가치 평가와 이상은 물리학에 대한 '무지' 위에, 혹은 물리학과 '모순'되게 세워졌다. 그러니 이렇게 외치자! 물리학이여, 영원하라! 그리고 우리를 물리학으로 내모는 정직성이여, 더 영원하라.[14]

이 구절에서 니체는 추구해야 할 학문의 모범으로 물리학을 제시하고 있다. 자연의 진리에 대한, 개연적이지 않은 절대적 앎은 과학의 이름 아래 얻어진다. 그러니까 과학은 절대적 앎에 대한 추구를 가능케 하는 이상이며, 늘 뒤로 물러나는 이상이 아니라 언젠가 현실화할 이상인 것이다.

단지 과학자로서의 철학자만이 이 절대적 앎을 좇는 것이 아니다. 20세기의 초의 한 위대한 작가는 자신이 문학 속에서 궁극적으로 드러내고자 하는 바가 바로 '과학의 인과율' 같은 것이라고 이야기한다. 『되찾은 시간(*Le Temps retrouvé*)』(1927년)에서 마르셀 프루스트(Marcel Proust, 1871~1922년)는 이렇게 쓰고 있다.

진실은 오로지, 작가가 서로 다른 두 대상을 포착해서, **과학의 세계의 인과율이라는 독보적인 관계에 비견될 만한 관계를 예술의 세계에서 그 대상들에게 부여하고,** 아름다운 문체라는 필연적인 고리 속에 그것들을 가두어 버리는 순간에만 시작될 것이다.[15]

우리는 은유를 통해서 서로 상관없는 두 대상을 연관 짓는다. 그러나 이 연관이 그저 주관적 착상에 지나지 않거나, 감상자마다의 취향에 따라 긍정도 부정도 될 수 있는 것이라면, 이 연관은 세계의 진리에 대해 알려주는 바가 전혀 없으리라. 그렇다면 이 연관의 의미는 무엇일까? 고작해야 수사(修辭)라는 일회적 재치? 이질적인 것들의 병치에서 오는 가변적 즐거움? 문학은 겨우 이 정도가 자신이 할 수 있는 일이라고 한다면, 모욕감을 느낄 것이다. 만일 문학이 세계의 진실을 탐낸다면, 가령 은유 속에서 두 대상이 연관되는 방식은 과학의 인과율만큼 절대적인 것이어야 한다. 앞의 구절에서 프루스트는 과학의 그런 절대적인 세계를 문학 속에서 희구하고 있는 것이다. 이것은 참을 추구하는 근대의 연구 공간이 수학적·기하학적 질서로 짜이면서 그 좁은 질서 안으로 들어서지 못했던 것에 대해선 연구의 눈을 감았던 것과 정반대로, 과학을 조작적으로 제한하지 않고 자연 자체와 포개지도록 확장하려는 시도이기도 하다.

요컨대 과학은 근대를 벗어나 여전히 우리 곁에 남아 있는 것이다. 현대인의 사유는 중력의 법칙을 따르는 물체와도 같이 여전히 과학을 향해 가고 있다. 과학이 머리로 부딪혀 꽂혀야만 하는 화살의 과녁인 듯이.

서동욱(서강 대학교 철학과 교수)

2장

학문 혁신을 통한 과학의 실용화로
지상 낙원을 꿈꾸다

베이컨의 『학문의 진보』

Francis Bacon, 1561~1626

프랜시스 베이컨의 『학문의 진보』의 표지.

1. 삶과 기술을 중시하는 과학 전통의 탄생

프랜시스 베이컨(Francis Bacon, 1561~1626년)은 과학 혁명을 대표하는 가장 중요한 철학자이다. 16세기의 과학 혁명을 거치면서 서양에서는 두 가지 과학 전통이 발전하였는데, 그중 하나가 이른바 베이컨 과학(Baconian science)이다. 베이컨 과학은 베이컨이 주창한 과학의 양식에서 비롯하여 발전한 것이다. 다른 한 전통인 고전 과학(classical science)은 고대 과학에 뿌리를 두고 과학 혁명을 겪으며 발전한 것이지만, 베이컨 과학은 고대 과학에 뿌리를 두지 않고 과학 혁명기의 지적 흥분 속에서 발생한 것이다. 분야로 보면 전기, 자기, 열에 대한 체계적인 연구를 포괄한다. 고전 과학 전통은 천문학, 역학, 수학, 광학을 아우르는 것으로 고도로 이론적인 데 반해, 베이컨 과학은 이론에 덜 비중을 두고 더 경험적이고 실험적이었다.

베이컨은 영국 템스 강변의 요크 하우스에서 태어났다. 어린 시절 그는 몸이 튼튼하지 않아 집에서 가정 교사에게서 배웠으며, 12세에 케임브리지 대학교 트리니티 칼리지에 입학했다. 예전의 대학 입학 연령은 오늘날과 비교하기 힘들다. 예전에는 만 14세 정도에 대학에 입학하는 경우가 적지 않았다. 물론 그 점을 감안해도 베이컨의 대학 입학 연령은 어린 편이었다. 3년 뒤에 베이컨은 런던 소재의 4대 법학원 가운데 하나인 그레이스 인(Gray's Inn) 법학원에 입학했다. 이때 베이컨은 인생에 커다란 영향을 미치는 경험을 할 기회를 얻는다. 법학원에 입학하고 몇 달 후 영국의 외교관인 아미아스 폴렛(Amias Paulet, 1532~1588년)을 보좌해 해외에 나가게 된 것이다.

베이컨은 약 3년 동안 프랑스의 파리 등 여러 도시와 이탈리아, 스페인 등을 돌아다니며, 여러 나라의 말과 정치적 경륜, 시민법 등을 배울 수 있었다. 특히, 프랑스 왕립 학술원을 직접 경험해 본 것과 프랑스 왕실의 도공인 베르나르 팔리시(Bernard Palissy, 1509~1590년)의 강연을 들을 수 있었던 것은 젊은 시절 그에게 가장 중요한 사건이었다. 왕립 학술원의 경험은 학문의 진보를 위해 연구자들의 협력과 공동 작업이 얼마나 중요한지를 깨닫게 했다. 팔리시는 베이컨이 학문의 진정한 목표를 깨닫는 데 영향을 미쳤다. 베이컨은 『신기관(Novum Organum)』(1622년)에서 학문의 진정한 목표에 대해 언급하면서 학문의 목표를 알고 실천에 옮기고 있는 예외적인 인물로 천부적인 재능을 지닌 한 장인을 언급하고 있는데, 그가 바로 팔리시일 것으로 추정된다.[1]

16세기에는 기술이 사회 진보의 수단으로 간주되기 시작했다. 그래서 이론적 학문보다 실천적 학문이 더 우월한 것으로 인정되는 분위기가 형성되고 있었다. 베이컨은 16세기의 기술 중시 경향을 극명하게 보여 준다. 『새로운 아틀란티스(*New Atlantis*)』(1627년)에서 베이컨이 꿈꾸었던 이상적인 국가는 기술 중심 사회였다.

2. '위대한 부흥'의 계획

학문이란 무엇인가? 이 물음에 대한 답변의 혁신은 과학과 기술을 핵심으로 삼는 새로운 사상을 낳았다. 학문은 인간 생활을 풍부하게 하고 윤택하게 하는 실천적 지식을 추구하는 것이다. 그리고 이를 통해 원초적 상태에서 인간이 지녔던 존엄과 권력을 되찾는 것이 학문의 참된 목표이다. 그동안 사람들은 학문을 삶의 필수적 욕구가 충족된 이후에 여가 시간에 갖게 되는 지적 사치, 혹은 현실을 도외시하고 무관심하게 실재(reality)를 관조하는 것, 혹은 진리를 향한 갈망으로 이해했다. 하지만 베이컨은 이 가운데 어떤 것도 진정한 학문의 성격을 나타내지 않는다고 보았다.

베이컨은 그동안 실천지(實踐智), 다시 말해 실재에 대한 과학적 탐구와 기술의 발전이 제대로 이루어지지 않은 원인을 고대 그리스 철학과 그것을 계승한 당시까지의 철학적 전통에서 찾는다. 플라톤의 진리론은 관념이 실재를 지배하게 만들었으며, 아리스토텔레스는 언어가 관념을 지배하게 만들었다. 그로 인해 전통 철학은 인간을 자연의 탐구로부터 멀어지게 만들고 인간의 시선을 인간 내면으로 향하게 했고, 실재의 문제를 언어의 문제로 착각하게 만들었다. 자신의 내면으로 눈을 돌린 인간은 행동 대신에 명상을, 인간 상황의 개선에 대한 희망 대신에 달관을, 실재의 문제에 직면하는 대신에 현실로부터 도피하는 쪽으로 나아가게 되었다. 특히 아리스토텔레스의 철학은 인간을 공허하고 불필요한 개념상의 구별에 힘쓰고 궤변에 대해 정열을 불태우는 '언어의 노예'로 만들어 버렸다. 이런 사정으로 인해 과학과 기술이 학문으로서의 대접을 제대로 받지 못했고, 학문이 인간의 삶을 개선하고 인간에게 행복을 가져다주는 데 기여하지 못하게 되었다.

베이컨은 학문의 참된 효용을 보여 준 사례로 인쇄술, 화약, 나침반을 꼽았다. 베이컨은 이 세 가지 발명품보다 인간 생활에 더 큰 영향을 미친 것을 찾아볼 수 없다고 말했다. 이 발명품들은 완전히 새로운 것이었으며, 헛된 공론과 불필요한 논쟁만 일삼는 스콜라 철학자들이나 출세에 눈이 멀어 곡학아세(曲學阿世)하는 궁정 주변의 학자들에게서 나올 리 없는 것이었다. 베이컨은 이 발명들이 우연히 등장하게 되었지만 새로운 학문의 방법을 확립하기만 한다면, 이에 못지 않은 위대한 발견과 발명을 끊임없이 이루어낼 수 있을 것으로 믿었다. 그래서 베이컨은 혁신을 통해 과학과 기술을 부흥하고, 인간 세상에 번영과 행복을 가져오려는 원대한 꿈을 그렸다.

베이컨은 추상적인 문제들에 대해 헛된 논쟁을 일삼으며 인간에게 아무런 유익도 주지 않는 당시의 스콜라 철학자들과 귀족의 후원을 얻기 위해 학식을 뽐내며 학문을 단지 출세의 수단으로만 삼는 지식 장사꾼들이 주류를 이루고 있는 학문의 세계를 혁신하고 싶었다. 베이컨은 학문의 진정한 목표를 회복하고 참된 지식을 추구하는 학문을 정립하고, 이를 위해 협력하는 학자들의 공동체를 꿈꾸었다. 그 꿈이 베이컨의 『대혁신(Instauratio Magna)』 6부작 기획에 담겨 있다. 베이컨은 자신의 구상을 현실에서도 실현하기 위해 왕들에게 여러 차례 간곡하게 지원을 요청했지만 끝내 받아들여지지 않았으며, 6부작도 완성되지 않았다.

『대혁신』 6부작은 체계적으로 구상되었는데, 1부는 학문의 새로운 분류 체계를 확립하는 것이고, 2부는 자연 해석을 위한 새로운 지침, 즉 새로운 논리학을 확립하는 것이다. 1부에 해당하는 저술이 『학문의 진보(The Advancement of Learning)』이다. 학문의 새로운 방법으로 '참된 귀납법'을 제안하고 있는 『신기관』이 2부에 해당한다. 베이컨에게서 논리학의 위상이 변화된 것에 주목할 필요가 있다. 당시 논리학은 종교 논쟁에서 이기기 위한 토론술의 실천적 지침 정도로 이해되었지만, 베이컨은 논리학을 자연 탐구의 기술 내지 자연 탐구를 위한 도구로 이해했다. 3부는 새로운 학문 방법을 적용할 기술 및 실험 자료를 백과사전적으로 수집해 기록하는 것이다. 자연사 및 실험의 역사를 다룬 몇 편의 미완성 단편들이 3부에 속한다. 4부는 저차원의 공리로부터 중간 수준의 공리를 거쳐 고차원의 공리로 단계적으로 상승하는 지성의 사다리를 구축하는 것이다. 5부는 새로운 철학을 위한 예비 작업에 해당하고, 6부는 새로운 철학을 정립하는 것이다. 베이컨은 4부에서 6부까지의 계획을 전혀 실행에 옮기지 못했다. 비록 완성되지는 않았지만 『대혁신』 6부작의 기획을 통해 우리는 베이컨의 사상적 방향과 이상을 읽을 수 있다.

『학문의 진보』는 유일하게 완성된 형태의 저술로서 '대혁신' 프로젝트의 밑그림을 잘 보여 주고 있다. 이 책은 1권과 2권으로 구성되어 있는데, 1권에서는 진정한 학문의 모습은 어떠한 것이어야 하는지를 보여 준다. 지금까지 학문이 받아온 불신과 불명예의 원인이 어디에 있는지 밝히고, 인간에게 유익한 참다운 학문을 위해 우리가 어떻게 해야 하는지 이야기한다. 2권에서는 지식과 학문의 분류를 시도하고 학문의 진보를 위해, 베이컨이 생각하는 '제1철학'을 위해 지식들 사이의 협동이 필요함을 역설한다.

3. 어떻게 위대한 부흥을 이룰 것인가?

베이컨은 '위대한 부흥'의 꿈을 과학과 기술의 발전을 통해 이룰 수 있다고 믿었다. 우리가 알고 있는 베이컨의 가장 유명한 말은 "아는 것이 힘이다(*scientia est potentia*)."이다. 이 한 문장 속에 베이컨 철학의 핵심이 담겨 있다. 베이컨에게 있어서 지식의 일차적인 대상은 자연이다. "자연과 만물에 대한 순수한 지식"이 본래적 의미의 지식이다. 베이컨은 이러한 지식의 순수한 형태를 아담이 낙원에서 지니고 있던 지식에서 찾았다.

실낙원을 야기한 것은 자연과 만물에 대한 순수한 지식이 아니라 선과 악에 대한 교만한 지식이었다는 사실이 그것이다. 오히려 전자의 순수한 지식은 아담이 자기 앞에 주어진 에덴 동산의 다른 피조물들에게 각 피조물의 본성에 어울리게 이름을 부여하는 데 사용한 것이었다. 반면에 선악에 대한 교만한 지식은 시험의 형식을 취한 하느님의 명령에 더 이상 의존하지 않고 인간이 스스로에게 법을 부여하려는 의도를 가진 것이었다.[2]

아담은 순수한 지식을 사용해 에덴 동산의 피조물들에게 그 본성에 따라 이름을 붙였는데, 이것은 아담이 자연에 대해 주권과 지배력을 지니고 있음을 의미한다. 낙원에서 아담은 순수한 지식 속에 신이 그에게 부여한 자연에 대한 주권을 간직하고 있었으며, 자연의 주인으로서 자연을 관리하는 임무를 수행하며 행복을 누릴 수 있었다. 그러나 낙원에서 추방된 이후에 인간은 순수한 지식을 상실하고 자연에 대한 온전한 지배력도 잃었다. 만일 우리가 순수한 지식을 다시 얻을 수 있다면, 우리는 자연에 대한 주권을 회복하고 원초적 상태에서 인간이 가졌던 존엄과 권력을 다시 회복할 수 있을 것이다. 베이컨이 자연과 만물에 대한 순수한 지식을 회복하는 것을 지식의 참된 목표로 삼은 것은 바로 이런 생각에서였다.

문제는 어떻게 순수한 지식을 회복할 것인가 하는 것이다. 베이컨은 사람들이 지닌 지식 대부분을 "교만한 지식"이라고 말한다. 실낙원 이후 인간은 교만한 지식을 좇는 데만 애를 쓰고 지식의 순수한 원형을 복원하려는 노력에 소홀했다. 교만한 지식은 자연의 진짜 모습을 파악하는 데 관심이 있지 않고, 욕망을 충족시키는 데만 관심이 있다. 그러나 진정한 지식은 자연에 대한 것이며, 따라서 자연에 대한 탐구를 통해서만 순수한 지식을 회복하는 길이 열릴 것이다. 새로운 방법, 즉 베이컨 자신의 귀납적 방법으로 자연을 탐구하고, 인간 정신이 빠지기 쉬운 오류들을 제거함으로써 우리는 순수한 지식을 향해 나아갈 수 있다.

자연의 빛에 의해 순수한 지식을 추구하는 것이 철학이다. 베이컨은 철학을 자연 신학과 자연 철학, 그리고 인간학으로 구분한다.

'철학'에서 인간의 명상은 하느님의 높이까지 올라가거나, 자연을 향해 집중되거나, 인간 자신에게로 반사되어 되돌아온다. 이 세 종류의 연구로부터 세 종류의 지식이 발생한다. '신에 대한 철학', '자연에 대한 철학', 그리고 '인간에 대한 철학', 즉 '인간학(humanity)'이 그것들이다. 실제로 모든 사물에는, 이와 같은 세 특징, 즉 신적 권능과 자연적 특성과 인간적 효용이 마치 세 겹의 글자처럼 새겨져 있다.[3]

자연 신학과 자연 철학, 인간학은 서로 다른 학문인 것 같지만 사실은 하나의 실재에 새겨진 세 종류의 글자를 읽은 것과 같다. 자연 신학은 만물에 새겨진 신적 권능을 해독하고, 자연 철학은 신이 만물에 심어 놓은 자연적 특성을 해명하고, 인간학은 만물에 깃든 인간적 효용을 발견하는 것이다. 따라서 자연 신학과 자연 철학, 인간학을 결합해 만물에 새겨진 신의 섭리를 해독할 때, 우리는 실재에 대한 순수한 지식에 접근할 수 있다. 순수한 지식은 자연에 대한 인간의 주권과 지배력을 회복시켜 주고, 인간 세상을 낙원처럼 행복한 곳으로 만들어 줄 것이다. "인간의 지식이 곧 인간의 힘이다."[4] 그리고 인간적 관점에서 특히 중요한 것은 자연 철학이다. 자연 철학은 오늘날로 말하면 자연 과학과 기술을 포괄한다. 베이컨은 자연 철학을 자연 과학(natural science)과 자연적 지혜(natural prudence)로 구분했다. 자연 과학은 자연 철학의 사변적 분야로서 자연에 대한 이론적 탐구이며, 자연적 지혜는 자연 철학의 시술적(operative) 분야로서 이론의 실천적 활용, 다시 말해 생산에 관계된다.

4. 왜 인류의 역사에는 지상 낙원이 없었는가?

자연에 대한 탐구와 기술의 발전을 통해 지상 낙원을 건설할 수 있다면, 왜 지금까지 인류의 역사에는 낙원은커녕, 해소되지 않는 궁핍으로 고통받는 시기가 계속되었는가? 베이컨 이전에도 과학자(자연 철학자)와 기술자(장인)는 있었다. 베이컨은 그들 모두 잘못된 지식을 추구했을 뿐이라고 말하는 것인가? 그렇지는 않다. 하지만 고대 그리스에서부터 과학과 기술에 대한 잘못된 신조가 있었고, 그것이 베이컨 당시까지 문화로 전승되어 왔다. 그리고 이제 그 문화는 폐기되어야 한다. 그것은 다름 아니라 기술을 천시하는 문화이다.

플라톤은 『법률』에서 기술자에게 온전한 시민권을 부여하지 않았으며, 아리스토텔레스는 그에 덧붙여 장인이나 상인에 대해 특별한

재능이 필요한 직업이 아니므로 그 목적이 하찮다고 보았다. 그는 기술을 자연을 모방하려는 헛된 시도라고 생각하고 기술과 자연을 대립시켰다. 아리스토텔레스의 형상 이론에 따르면, 자연물은 일차 형상을 지니고 있지만 인공물은 이차 형상을 지니고 있다. 이처럼 기술을 천시하고 기술자를 하찮게 취급하는 풍토로 인해 그동안 서양에서는 자연에 대한 올바른 탐구와 그에서 비롯되는 결실을 수확할 기회를 얻지 못했다. 기술을 자연에 대립시키고 자연의 부속물 정도로 여겼기 때문에 인간의 생존 조건을 개선하고 변경하려는 시도를 하지 못했던 것이다.

그릇된 문화에서 지금껏 수많은 사람이 학문을 탐구하기는 했으나 인류에게 보탬이 되는 성과를 이루어내지 못했다. 그들은 학문의 목표를 잘못 인식하고 있었다. 심지어 사람들은 학문의 목표를 제각각, 제 구미에 맞게 제멋대로 설정했다.

무엇보다 심각한 오류는, 지식의 최종 목표, 혹은 지식의 가장 심원한 목표를 오해하거나 그릇되게 설정하는 일이다. 사람들이 학문과 지식을 추구하려는 욕망에 빠져든 데에는 여러 이유가 있었다. 때로는 천성적 호기심과 캐묻기 좋아하는 기질 탓이었고, 때로는 색다른 것, 즐거움을 주는 것으로 그들의 정신을 위로하기 위해서였으며, 때로는 과시와 명성을 얻기 위해서였다. 지식과 학문이 그들로 하여금 기지를 발휘하고 반론을 제기해 승리를 얻을 수 있게 해 주기 때문이기도 했다. 가장 흔하게는 사람들은 돈벌이와 전문직을 위해 학문과 지식에 대한 욕망에 빠져들었다. 인류 전

체의 보편적 이익과 효용을 위해 이성이라는 선물을 참되게 발휘한 사례는 거의 찾기 힘들다.[5]

이렇게 사람들이 제각기 다른 이유로 학자의 길에 들어서지만, 학문에는 보편적이고 궁극적인 목표가 있다. 그것은 "인류 전체의 보편적 이익과 효용"이다. 학문이나 지식은 목적이 아니라 수단이며, 이론적인 데 그치지 않고 실천적인 것이다. 이런 생각은 학문을 이론적인 진리 탐구로 이해하고 학문 자체를 목적으로 삼았던 기존의 사고와 분명하게 구별된다. 아리스토텔레스는 관조(theoria)의 삶을 최고로 인간다운 삶이라고 보았다. 인간의 본질적 특성인 이성을 최고로 발휘할 수 있는 삶이기 때문이다. 그러나 베이컨은 지식을 얻는다는 것 자체에 만족할 것이라면, 지식 추구는 무용한 것이라고 생각했다. 지식을 활용해 인간의 삶에 유익한 것들을 만들어 내고 그것을 통해 인간의 삶을 풍요롭고 윤택하게 만들 수 있을 때, 지식은 비로소 참된 가치를 얻게 된다. 낙원에서 아담이 소유했던 지식, 인간 지식의 원형은 바로 이런 것이었다.

아담의 지식은 자연에 대한 진리의 기술(description)에 그치는 것이 아니라 실용적 위력을 지닌 것이었다. 아담의 지식은 자연과 만물을 관리하고 아담의 삶을 행복하게 만드는 데 실질적인 효용이 있는 것이었다. 기존의 학문 풍토는 진리로부터 실용성을 떼어 버렸으며, 실용적인 지식을 하찮은 것으로 취급했다. 사람들은 진리에는 효용성 이상의 가치가 있다고 생각했으며, 효용성과 무관하게 진리가 존립

한다고 믿었다. 그러나 베이컨은 진리와 효용이 완전히 일치할 수 있으며, 진정한 진리는 효용이 있는 것이라고 생각했다. 진정한 진리는 신이 자연과 만물에 새겨 놓은 것이며, 자연과 만물에서 신의 암호를 해독한 인간의 지식은 당연히 자연에 적용해 인간에게 유익을 가져다줄 것이다. 이것이 바로 신이 자연과 인간을 창조한 섭리이다. 그러므로 "학문의 진정한 목표는 여러 가지 발견과 발명을 통해 인간 생활을 풍부하고 윤택하게 하자는 것이다."[6]

5. 학문의 세 가지 질병

학문의 목적에 대해 실용적으로 이해한 베이컨에게 당시의 학문 풍토는 병든 상태로 보였다. 따라서 학문을 병들게 한 원인을 찾아 학문의 질병을 치료하지 않고는 앞으로도 학문에 희망을 걸 수 없을 것이다. 이런 상황은 인류의 삶에도 희망이 없어진다는 것을 의미한다. 이 세상을 살기 좋은 세상으로 만들고 낙원에서와 같은 행복을 불러올 수 있다는 희망은 순수한 지식을 회복하는 길 밖에서는 찾을 수 없다.

토머스 모어(Thomas More, 1478~1535년)는 『유토피아(Utopia)』(1516년)를 통해 16세기 영국의 비참한 사회상에 대한 해법을 제시했지만, 모어의 해법은 분명한 한계를 지니고 있었다. 두 차례에 걸친 인클로저 운동[7]으로 피폐해진 농촌과 삶의 터전에서 쫓겨나 도시 빈민으로 전락한 농민들의 처참한 삶, 그에 비해 사치와 향락이 넘치는 귀족의 타락한 생활을 목격한 모어는 누구나 일할 수 있고 누구나 일해야 하는 평등한 사회를 꿈꾸었다. 모어는 사회 체제를 개혁하고 사회 도덕을 확립한다면 지상에서 낙원을 건설할 수 있을 것으로 생각했다. 그러나 베이컨의 시각으로 보면, 모어의 제안은 적절한 해법일 수 없다. 16세기 영국의 참상에 비하면 모어의 유토피아가 좋은 세상인 것은 분명하지만 낙원에 비견될 수는 없을 것이다. 인류 역사에 등장했던 어떤 체제도 빈곤과 불평등을 해소할 수 없었으며, 구성원의 공동체 의식의 향상과 분배의 평등만으로 모두가 행복한 세상을 만들 수 있을지 의문이다.

베이컨은 전혀 새로운 해법을 생각했다. 누구나 잘사는 세상은 똑같이 나누는 것만으로 이룰 수 없다. 모어는 비참한 사람을 없애기 위해 공평하게 나눌 것을 제안했지만, 베이컨에게 모두 잘사는 세상은 모두가 풍족하게 살 만큼 생산하는 세상이었다. 모든 사람이 만족할 수 있을 만큼 비약적으로 생산을 늘리면 비참한 사람이 없어질 뿐만 아니라 세상 사람 모두 행복할 수 있을 것이라고 생각했다. 다른 말로 하면, 베이컨은 제한된 재화를 공평하게 나누는 것보다는 재화의 총량을 늘리는 쪽이 더 합리적이고 올바른 방향이라고 생각했다. 사실, 모어는 한 사회가 얻을 수 있는 재화의 총량이 제한되어 있다는 가정에 근거해 공평한 분배를 주장한 것인데, 베이컨은 그런 가정이 통념에 불과하다는 것을 보여 주었다.

모두 행복한 세상을 만들기 위해 인간에게 가능한 길로서, 순수한 지식을 향해 나아가기 전에 먼저 학문 전반에 퍼져 있는 질병을 퇴치해야 한다. 베이컨은 학문의 대표적 병폐를 다음과 같이 세 가지로 정리했다.

학문의 세 가지 질병이 발생한다. 우리는 이를 경험적으로든 이성적으로든 확인할 수 있는 바, 첫째는 환상적인 학문이고, 둘째는 논쟁적인 학문이며, 셋째는 사치스러운 학문이다. 첫 번째 질병은 헛된 상상력에서 기인하고, 두 번째 질병은 헛된 호승심에서 기인하며, 세 번째 질병은 헛된 과시욕에서 기인한다.[8]

첫 번째 질병은 당시 지배적인 학문 풍토인 스콜라주의에 대한 반감에서 비롯된 것으로 내용 없이 말만 화려한 것을 추구하는 경향이다. 수사와 잡다한 말솜씨로 대중의 인기에 영합하려는 이들은 내용을 연구하지 않고 오로지 화려한 미사여구와 유창한 말솜씨를 연구하는 데 온 정열을 쏟았다. 이들의 연구는 내용의 무게, 주제의 가치, 논증의 견실함, 발견의 생생함, 판단의 깊이 등을 등한시해 학문을 천박하게 만들었다. 인기에만 관심을 두고 대중에게 환상을 전달하는 이들은 어느 시대에나 있으며 앞으로도 있을 것이라고 베이컨은 말한다.

베이컨은 두 번째 질병으로 스콜라주의자들의 타락한 학문을 겨냥한다. 그것은 헛된 내용을 주장하는 것이므로 말을 꾸미는 데 몰두하는 첫 번째 질병보다 더 나쁜 병이다. 스콜라주의자들은 진리가 아니라 논쟁, 실질적인 내용이 아니라 사소한 시비, 실용적 유익이 아니라 무용한 사변에 몰두해 있었다. 그들은 예리하고 강한 기지가 있었고 여가 시간도 많았지만 아리스토텔레스라는 골방에 스스로를 가두고 헛된 거미집을 짓는 데만 열중했다. 그 결과, 그들은 세련된 거미집을 지었지만 그것은 실질적이지도 않고 아무런 유익도 없는 것이었다고 베이컨은 평가한다.

세 번째 질병은 학문을 이용해 명성과 출세를 해 보려는 궁정 주변의 학자들이 걸려 있는 질병이다. 베이컨은 세 번째 질병을 "가장 추악한 것"이라고 말했다. 이 질병은 지식의 본질적 원리를 파괴한다. 왜냐하면, 지식은 진리의 표상이며, 진리에 대한 인식이지만, 헛된 과시욕은 거짓과 기만으로 지식을 대체하기 때문이다. 베이컨은 세 번째 질병 혹은 악덕을 두 종류로 구분하고, 이 둘은 별개의 것처럼 보여도 사실은 동전의 양면과 같은 것이라고 한다. 바로 기만을 즐기는 것과 쉽게 기만당하는 것이다. 전자는 '협잡'에 해당하고 후자는 '경신'에 해당한다. "소문이 퍼지는 이치가 그렇듯이, 루머를 쉽게 믿는 사람은 루머를 쉽게 부풀리고, 자기가 꾸민 루머를 덧붙이기도 한다."[9]

학문의 세계에 전반적으로 퍼져 있는 질병들 때문에 그동안 학문은 제 기능을 발휘하지 못하고 있었다. 이제 혁신을 통해 학문의 목적과 방법, 학문의 체계를 모두 새롭게 확립해야 한다. 학문의 목적은 인류에게 보편적인 이익을 제공하는 것이며, "참된 귀납법"이 "유일한 희망"[10]을 줄 수 있는 방법이고, 과학과 기술이 가장 중요한 학문이다. 학문의 참된 대상은 자연이기 때문이다.

6. 기술 없는 과학은 무용하다

베이컨은 기술이 배제된다면 자연에 대한 탐구는 무용하다고 말한다. 자연을 탐구하는 목적은 이론적인 태도로 진리를 발견하고 그에 만족해 정신적 즐거움을 느끼는 데 있지 않다. 자연 탐구의 목표는 진리를 발견해 실용적으로 활용함으로써 인류에게 유익한 것을 산출하는 데 있다. 따라서 자연에 대한 이론적 탐구는 반드시 실천적 활용과 결합되어야 한다.

> 자연 철학자가 하는 일이나 작업을 둘로 나누면, 광부의 역을 맡는 자가 있고 대장장이의 역을 맡는 자가 있다. …… 전자가 찾아 캐낸다면, 후자는 제련하고 무두질한다. 비록 이런 식으로 분류하는 것도 나쁘지 않지만, 좀 더 익숙하고 학문적인 용어를 사용해서 자연 철학의 두 부분을 나눌 수도 있다. '원인에 대한 탐구'와 '결실의 생산'으로 나눌 수도 있고 '사변적' 지식과 '시술적' 지식으로, 혹은 '자연 과학'과 '자연적 지혜'로 나눌 수도 있을 것이다. 정치 문제에서든 자연 문제에서든, '지혜'는 이성적으로 계산하는 지혜와 실천 지침을 제공하는 지혜를 두루 포괄한다.[11]

베이컨은 실재를 대상으로 삼는 자연 철학을 가장 중요하게 여기고, 자연 철학을 "모든 학문의 위대한 어머니"[12]라고 칭했다. 특히, 자연 철학을 이론적인 부분과 실용적인 부분을 포괄한 것으로 이해한데 베이컨의 독창성이 있다. 철학이 실천적인 데로 나아가지 못하고 단지 이론적인 데만 머문다면, 자연 철학은 헛된 사변이나 지적 유희에 불과할 것이다. 실재를 향해 나아가지 못하기 때문에 한 걸음의 진보도 없이 표현의 세련됨이나 이론의 섬세함에 치중할 터이지만, 사실은 허상을 좇는 데 지나지 않을 것이다. 진정한 학문으로서의 자연 철학은 인류에게 보편적인 유익을 주는 것이어야 하며, 그렇기 때문에 이론적 탐구와 실천적 활용, 다시 말해서 자연 과학과 기술(공학)이 분리될 수 없다.

자연에서 새로운 발견을 하고 그것을 기술로 구현할 때 인간은 자연에 대한 힘을 갖게 된다. 그래서 베이컨은 "자연에 대한 인간의 지배권은 오직 기술과 학문에 달려 있다."[13]라고 강조했다. 지식에 대한 베이컨의 이해는 아리스토텔레스와 극명하게 대립된다. 아리스토텔레스에게 있어서 지식은 자연에 대한 기술이었다. 그러나 베이컨에게 지식은 자연을 변형하고 개조하는 창작이었다.

안토니오 페레즈라모스(Antonio Pérez-Ramos, 1953년~)는 지식에 대한 베이컨의 생각을 좀 더 급진적으로 해석할 여지를 남겼다. 그는 지식의 진위를 판별하는 기준으로 지식을 이용해 그 지식이 기술하고자 하는 현상을 성공적으로 복제할 수 있는지 여부를 물었다.[14] 실재에 대한 인식으로서의 지식과 실재의 제작(창조)은 결국은 같은 것이다.[15] 베이컨은 지금껏 사람들이 기술에 대해 잘못된 생각을 지니고 있다고 본다. 기술을 단지 자연의 시종으로서 자연이 시작한 것을 완성하거나 속박된 자연을 자유롭게 하거나 자연이 오류에 빠질 때 교정하는 힘을 지니는 정도로 이해하고, 기술이 자연을 바꾸거나 변성

시켜 개조할 수 있는 힘을 갖지 못한다고 생각하는 것은 명백한 오류라고 지적한다.

7. 왜 현대 기술 사회는 지상 낙원이 아닌가?

19세기 이후 미국을 중심으로 서구 사회는 기술의 발전에 토대를 둔 사회를 건설했다. 지속적인 기술의 발전과 그를 바탕으로 한 물질적 풍요, 전례 없는 욕구 충족의 경험, 대중의 생활 수준의 향상을 이루었다. 그러면 현대 기술 사회는 베이컨이 꿈꾸었던 과학 기술을 토대로 한 지상 낙원을 이루어 가고 있는 것일까? 이 물음에 대한 답변은 부정적이다. 베이컨이 학문의 진정한 목적을 이야기하고 인간 지식의 원형을 아담의 순수한 지식에서 찾았을 때, 베이컨이 강조한 것은 지식의 실제적 효용만이 아니었다. 현대 사회는 지식의 실제적 효용을 주목한 점에서는 옳았지만 지식의 진정한 목적이 진리의 발견이며 사랑에 있다는 것을 경시했다.

사람들은 베이컨이 기술의 실제적 효용만을 강조한 것으로 잘못 이해하는 경우가 많다. 베이컨이 기획한 위대한 부흥의 계획은 기술의 도덕적 이용을 전제할 때만 실현될 수 있다. 이 점을 베이컨은 확실하게 인식하고 있었으며, 여러 곳에서 분명하게 표현했다. 과학이나 기술을 찬양하기만 하는 사람은 베이컨이 언급한 학문의 진보를 저지하려는 사람이다. 베이컨은, 아들 이카로스에게 날개를 만들어 주었다 죽게 한 다이달로스의 신화를 "부정한 장인"의 사례를 보여 주는 것으로 해석하며, 기술이 때로는 악용되거나 오용될 수 있음을 말하는 것으로 본다. 기술은 인류에게 무한한 혜택을 줄 수 있는 것이지만, 다른 한편으로는 죽음과 파괴의 도구를 만들어 낼 수 있는 것임을 베이컨은 경고했다.

오늘날 우리가 만든 기술 사회는 기술의 도덕적 이용에 대해 얼마나 성찰한 사회인가? 사람들이 기술을 이해하는 방식은 욕망 충족의 수단이라는 것이다. 현대 사회는 기술의 발전으로 생활을 편리하게 만드는 문명의 이기(利器)들을 끝없이 쏟아내고 있으며 사람들은 전에 없이 욕망을 충족하는 일에 흥분해 있다. 그러한 욕망은 대부분 필요 이상의 것이지만, 우리는 문명의 발전과 욕망의 심화 확대를 같은 뜻으로 이해한다. 베이컨이 경고했듯이, 기술의 효용만을 추구한다면, 기술에 붙어 다니는 불행의 늪에 빠질 우려가 있다. 효용만을 추구하는 기술은 인간의 행복을 가져오는 도구가 아니라 욕망의 도구에 불과하며, 결국 인간을 파멸시키는 도구가 될 수도 있다. 이런 기술은 또 하나의 교만한 지식이 될 것이다. 베이컨은 지식과 사랑의 연속성을 강조했다. 사랑과 단절된 지식은 인류의 유익을 지향하지 않는다. 그래서 오늘날의 산업 사회는, 비록 기술을 기반으로 하고 있기는 하지만 베이컨이 꿈꾸었던 이상적인 사회는 아닌 듯하다. "모두의 행복, 인류의 공존이라는 목표로 우리를 인도하는 지혜의 조력자로서 기술을 이해했던 베이컨의 관점에서 우리는 멀리 떨어져 있다."[16]

현대 사회는 기술의 진정한 목적을 잊었다. 기술의 가치를 지나치게 강조해서인지 몰라도 오늘날 우리의 관심은 기술과 그것으로 얻는 이득에 집중되어 있으며 인간과 인간성은 우리의 시야에서 사라졌다. 기술의 발전으로 인간이 소외되고 인간성이 위기에 처했다면, 그것은 베이컨이 기술의 발전을 언급한 취지와 정반대의 결과가 나온 것이다. "아는 것이 힘이다."라는 문장으로 베이컨이 표현하고자 했던 것은 과학과 기술을 통한 인간의 주권이었다. 기술의 발전을 통해 자연에 대한 지배력을 회복하고 인간의 힘과 존엄성을 다시금 확보할 수 있을 것으로 베이컨은 생각했다. 그러나 오늘날 인류는 기술의 발전으로 자연에 대한 통제력을 확보했을지는 몰라도 인간 자신의 힘과 권위를 잃어버렸다. 인간 스스로 기술에게 주권을 내주고 기술에 종속되어 가고 있는 것이 현대 사회의 모습인 듯하다. 그리고 이런 상황은 인간이 자연에 대해 미약한 힘밖에 가지지 못했을 때와는 비교되지 않는 위험, 즉 인간의 존재론적 위험을 불러올지 모른다.

현대 산업 사회는 전례 없는 물질적 풍요를 인류에게 선사했지만, 또한 전례 없이 극심한 불평등을 야기했다. 기술이 발전하면 할수록, 생산성이 증대되면 될수록 사람들의 욕망은 더욱 커지고 경쟁은 극심해지고 빈부의 간격은 더욱 확대되고 있다. 물론 이런 현상을 불러온 것이 기술의 발전은 아니다. 400여 년 전에 베이컨이 "지식의 최종 목표, 혹은 지식의 가장 심원한 목표를 오해하거나 그릇되게 설정하는 일"이 자기 시대의 가장 심각한 오류라고 지적했지만, 오늘날도 여전히 우리는 이러한 오류에서 벗어나지 못하고 있다. 인간의 보편적 유익과 행복을 고려하지 않는 지식과 기술은 그것이 아무리 발전하더라도 우리가 목표로 하는 진정한 지식, 즉 '순수한 지식'이 아니라 헛된 지식이고 교만한 지식에 불과할 것이다.

이상헌(서강 대학교 전인 교육원 교수)

2부

빛과 시선,
과학과 철학의 관심이
집중된 곳

3장

맹인의 지팡이, 포도주 통, 그리고 테니스공이 알려준 빛의 성질

데카르트의『굴절 광학』

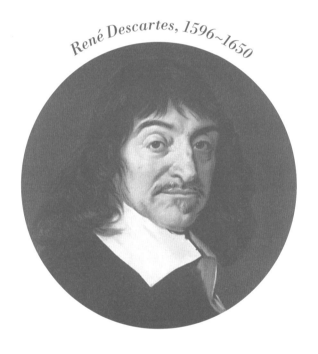

René Descartes, 1596~1650

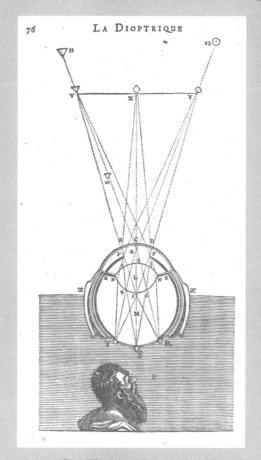

데카르트의 『굴절 광학』에서 눈에 들어오는 빛을 설명하는 그림.

1. 데카르트의 삶:
"나는 생각한다. 그러므로 나는 존재한다."

"인간은 만물의 척도다.", "너 자신을 알라.", "아는 것이 힘이다." 등등 누가 한 말인지는 몰라도 어디선가 한 번쯤 들어본 듯싶은 철학적 명언들이 있다. "나는 생각한다. 그러므로 나는 존재한다."라는 말도 마찬가지다. 수많은 사람이 반복해서 인용하거나 패러디한 이 유명한 말은 17세기 프랑스 철학자 르네 데카르트의 말이다.

1596년 프랑스 투렌 지방의 소도시 라 에(La haye)에서 태어난 데카르트는 라 플레슈(La Flèche)라는 유명한 예수회 학교를 졸업하고 스무살의 나이에 푸아티에(Poitiers) 대학교에서 법학사 학위를 받는다. 하지만 전통적인 학문을 답습하는 일에 싫증을 느낀 데카르트는 "세상이라는 커다란 책"[1]을 공부하기 위해 여행을 떠난다. 기존의 학문에 불만을 가졌던 데카르트는 여행을 하면서 "학문에 있어 확고하고 불변하는 것"을 세우기 위해 모든 것을 "철저하게 전복시켜 최초의 토대에서부터 다시 새로 시작"[2]하겠다고 결심한다.

데카르트는 자신이 가지고 있던 지식 중에서 "조금이라도 의심할 수 있는 것은 모두 전적으로 거짓된 것으로 간주하여 던져"[3] 버리기로 한다. 조금이라도 의심의 여지가 있는 것은 확고 불변한 학문의 토대가 될 수 없기 때문이다. 상식적으로는 받아들이기 힘들 만큼 극단적인 가정을 통해 의심해 봐도 결코 의심할 수 없는 진리만이 새로 세워질 학문의 든든한 주춧돌이 될 수 있다. 데카르트가 그런 주춧돌로 제일 처음 발견한 진리가 바로 "나는 생각한다. 그러므로 나는 존재한다."[4]라는 명제다. 다른 모든 것은 의심할 수 있다 해도 내가 생각하고 있는 동안 내가 존재하고 있다는 사실만큼은 결코 의심할 수 없다. 생각하는 나의 존재에 대한 이런 확실한 인식은 이제 다른 확실한 인식을 발견하기 위한 기준이자 토대가 된다. 이 토대에서 시작된 학문 그리고 동시에 다른 모든 학문의 뿌리가 되는 학문을 데카르트는 형이상학이라고 부른다.

"나는 생각한다. 그러므로 나는 존재한다."라는 유명한 말에 비춰 보자면 데카르트는, 요컨대, 모든 학문의 뿌리인 형이상학을 의심 불가능한 인식의 토대 위에 새롭게 세우고자 한 철학자다. 하지만 데카르트가 형이상학이나 인식론 같은 사변적이고 이론적인 학문에만 관심을 가졌던 것은 아니다. 데카르트는 형이상학에 뿌리를 두고서 자연의 원리를 탐구하는 자연학이라는 학문 그리고 한 걸음 더 나아가 자연학의 원리를 바탕으로 삶에 유용한 열매를 수확하는 기계학 같은 실용적 학문에도 깊은 관심을 두었다. 우리가 지금 이야기하려고 하는 데카르트의『굴절 광학(La Dioptrique)』도 바로 그런 실용적 학문 중 하나인 광학을 다룬 책이다.

2.『굴절 광학』의 실용적 목적

『굴절 광학』은『방법서설(Discours de la Méthode)』과 더불어 출판된 세 편의 과학 논문 중 하나다.『굴절 광학』이 다루고 있는 '광학'은 빛에 대한 학문을 말하는 동시에, 빛을 받아들여 모양과 색깔, 크기, 거리 등을 감각하는 눈에 대한 학문, 즉 시각에 대한 학문을 말하기도 한다.[5] 따라서『굴절 광학』은 데카르트의 빛 이론뿐만 아니라 시각 이론도 함께 포함하고 있다. 하지만 데카르트가 순전히 이론적인 관심에 따라서 빛과 시각에 대해 탐구했다고 오해해서는 안 된다.『굴절 광학』을 시작하면서 데카르트가 쓴 구절을 읽어 보자.

우리 삶을 관장하는 일은 모두 감각에 의존한다. 시각은 감각 중에서 가장 일반적이고 가장 중요하므로 시력 증진에 도움을 주는 발명은 가장 유용한 발명에 속한다. 그런데 저 경이로운 망원경의 발명보다 더 시력을 증진시키는 발명을 찾기는 어렵다. 망원경은 사용된 지 얼마 되지 않았는데도 이미 하늘의 새로운 별들과 지상의 새로운 대상들을, 우리가 거기서 전에 보았던 (것을 합친) 수보다 더 많이 발견했다. 망원경은 우리 아버지들의 상상력이 다다르곤 했던 곳보다 훨씬 더 멀리까지 우리 시선을 인도한다. 망원경은 우리에게 우리 아버지들이 가졌던 것보다 더 위대하고 완전한 자연 지식을 얻을 수 있는 길을 열어 준 것으로 보인다. 하지만 이토록 유용하고 놀라운 발명이 처음에 그저 경험과 행운에 의해 발견되었다는 사실은 우리 학문에게 대단히 부끄러운 일이다.[6]

시력을 증진시키는 대표적인 도구인 망원경이 얼마나 유용한 도구인지는 데카르트 시대에 이미 충분히 입증되었다. 데카르트는 이런 망원경이 올바른 이론적 뒷받침 없이 그저 우연한 경험을 통해 운 좋게 발명되었다는 사실에 대해 한탄한다. 데카르트에 따르면 망원경은 여전히 이론적 지식의 충분한 뒷받침 없이 "장인의 솜씨"[7]에만 의존해서 제작되고 있으며, 완전한 망원경의 발명은 아직 요원한 상태다. 데카르트는 바로 이런 안타까운 현실을 개선하기 위해『굴절 광학』을 저술했다. 다시 말해서,『굴절 광학』의 궁극적 목표는 인간 시력의 생리적 혹은 자연적 한계를 극복하고 시력을 증진시킬 수 있는 도구가 어떻게 작동하고 어떻게 제작되어야 하는지 올바른 빛 이론과 시각 이론을 통해 보여 주는 것이다. 이 목표에 따라서『굴절 광학』은 처음 두 장에서 빛 이론을, 그리고 이어지는 네 장에서 시각 이론을 제시한 다음, 마지막 네 장에서 망원경을 비롯한 시력 증진 도구의 원리와 제작법에 대해 설명한다. 이중에서 우리가 관심을 갖고 있는 것은 바로 빛 이론이다.

3. 데카르트의 기계론적 자연관

시력을 증진하는 도구가 주된 관심사기 때문에 『굴절 광학』은 빛의 모든 성질을 규명하려 하지 않는다. 그 대신 데카르트는 시각과 관련된 한에서만, 예컨대 "어떻게 빛의 광선이 눈으로 들어오는지 그리고 마주치는 다양한 물체에 의해 어떻게 빛의 광선이 굴절되는지"[8] 등의 문제와 관련해서만 빛의 성질을 다룬다. 나아가서 빛의 성질을 다룰 때에도 데카르트는 전문적이고 이론적인 지식에 직접적으로 호소하기보다 사람들이 일상 속에서 쉽게 접하거나 상상할 수 있는 사례들을 비교 모델로 삼아 설명한다. 그렇다고 『굴절 광학』에서 제시된 데카르트의 빛 이론이 별다른 학문적 체계도 갖추지 못한 주먹구구식 견해라고 생각해서는 안 된다. 단지 데카르트는 시각과 연관된 빛의 성질에 대해서 "아무것도 빠뜨리지 않고 다른 학문에서 터득했어야 하는 것을 아무것도 가정하지" 않으면서도 자신의 빛 이론을 "누구나 이해할 수" 있도록 설명하려고 했던 것뿐이다.[9] 명시적으로 제시하지 않았다뿐이지 『굴절 광학』의 데카르트는 암묵적으로 자신의 자연학 체계를 전제하고서 빛에 대해 설명한다.

그렇다면 데카르트의 자연학은 어떤 특징을 가지고 있을까? 데카르트 자연학의 특징은 기계론적 관점에 따른 자연학이라고 요약할 수 있다. 데카르트 이전에 전통적인 자연학을 지배하고 있었던 것은 목적론적 자연관이다. 아리스토텔레스 철학에 기초를 둔 목적론적 자연관에 따르면 인간부터 돌멩이까지 자연에 존재하는 모든 물체는 각각 고유한 본성을 지니고 있고 각각 그 본성의 실현을 목적으로 변화하고 운동한다. 하지만 데카르트는 이런 목적론적 자연관을 거부한다. 목적론적 자연관은 인간 행위와의 유비를 통해 자연 현상을 설명하고 있을 뿐이다. 다시 말해서, 우리가 인간 행위를 '의도'에 비추어 설명하는 것처럼 목적론적 자연관은 자연 현상을 '목적'에 비추어 설명하려고 시도하는 것뿐이다. 하지만 이런 시도는 자연 현상에 대한 설명을 복잡하게 만든다.[10] 더욱이 이 시도는 인간이 자연 만물의 목적, 즉 창조자인 신의 의도를 파악할 수 있다는 오만한 생각을 담고 있다. 따라서 데카르트는 유한한 인간 지성을 통해 가능한 한 단순하게 자연 현상을 설명할 수 있는 기계론적 자연관을 수용한다.

데카르트에 따르면 자연 세계 속에서 모든 물체는 '연장'이라는 동일한 본성을 지닌다. 물체가 연장을 지닌다는 것은 곧 물체가 공간을 차지한다는 것을 의미하므로,[11] 모든 물체는 연장을 지닌다는 점, 즉 '공간을 차지한다.'는 점에서 모두 동일하다. 다만 서로 다른 물체는 오직 어느 만큼의 공간을 차지하고서 어떤 방식으로 운동하는지에 따라서만 구별될 수 있다. 따라서 우리가 어떤 물체에 본래적으로 속한다고 생각하는 대부분의 성질은 데카르트 자연학에서 그 물체의 연장과 운동의 기계론적 작용 결과로 설명된다. 예컨대, 우리는 감각을 통해 어떤 물체가 '뜨겁다.'라고 지각할 수 있지만, '뜨거움'이라는 성질은 우리가 지각한 대로 그 물체 안에 존재하지 않는다. 각각의 물체에 본래적으로 귀속될 수 있는 성질은 오직 '연장'뿐이므로 우리가 그 물체에 대해 지각한 '뜨거움'이라는 성질은 그 물체가 지닌 특정한 모양과 특정한 운동 상태에서 비롯된 것에 불과하다.

4. 세계 창조에 대한 사유 실험

『굴절 광학』과 비슷한 시기에 집필된 『세계 및 빛에 대한 논고(Le Monde, ou Traité de la lumière)』(이하 『세계』)[12]에서 데카르트는 자신이 생각한 기계론적 세계를 신이 어떻게 창조했을지 상상 속에서 재구성한다. 우선 신은 모든 공간을 완벽히 균일하게 채우고 있는 무한한 크기의 물질을 창조한다. 공간을 먼저 창조하고 그다음에 공간을 채우는 물질을 창조한 것이 아니다. 이 물질 내부나 외부 어디에도 빈 공간은 전혀 존재하지 않는다. 이 무한하고 균일한 최초의 물질과 구별되는 별개의 공간이란 존재하지 않으며,[13] 이 물질은 앞서 말한 연장이라는 성질만을 가질 뿐 감각적 성질을 비롯한 여타의 성질을 지니고 있지 않다.[14]

이어서 신은 이 무한하고 균일한 물질의 각 부분에 힘을 부과해서 각 부분이 다양한 방식으로 운동하게 만든다. 균일하게 하나의 덩어리를 이루던 물질은 이제 내부의 다양한 운동을 통해서 갖가지 모양의 부분들로 나뉘고, 이 부분들은 상호 작용을 되풀이하며 끊임없이 변화하는 세계를 형성한다. 하지만 여전히 이 세계에 빈 공간이란 존재하지 않는다. 각 부분은 빈 공간으로 구분되지 않고 서로 다른 모양과 운동에 따라 구분되기 때문이다.[15]

마지막으로 신은 이 세계의 부분들과 그 운동이 따라야 할 자연 법칙을 창조한다. 첫째 법칙에 따르면 물체가 서로 충돌하지 않는 경우 동일한 상태가 유지되며(관성 법칙), 둘째 법칙에 따르면 물체가 서로 충돌하는 경우 전체 운동량이 보존되고(운동량 보존 법칙), 셋째 법칙에 따르면 운동하는 물체는 근본적으로 직선으로 운동하려는 경향을 가진다.[16] 이 세계의 모든 물체는 이 세 가지 운동 법칙에 따라 기계적으로 운동하므로, 이 세계의 모든 현상은 더 이상 목적론적 관점에서 이해되지 않고 철저히 기계론적 관점에서 이해된다.

이와 같은 사유 실험을 통해 드러나는 데카르트 기계론의 중요한 특징 중 하나는 모든 물체의 본성은 오직 연장뿐이며 각 물체의 운동은 본래 신에 의해 외적으로 부여된 것이라는 점이다. 단순하게 말해서 물체는 본래 공간을 차지할 뿐 스스로 운동할 힘을 지니고 있지 않다. 애초에 신이 운동을 부여하지 않았다면, 이 세계는 그저 무한하고 균일한 한 덩어리의 물질로 아무런 변화 없이 머물러 있었을지 모른다. 말하자면 데카르트는 물체의 본성을 오직 공간적 성질인 연장으로 한정함에 따라 운동의 궁극적 기원을 신에 돌릴 수밖에 없었던 것이다.[17]

『굴절 광학』의 빛 이론은 이런 기계론적 세계를 전제로 전개된다. 이 세계를 구성하는 물체가 본래적으로 소유하고 있는 성질은 연장뿐이므로, 우리가 물체에 속한다고 감각한 성질은 우리가 감각한 그대로 물체 안에 실제로 존재하지 않는다. 빛의 성질 역시 마찬가지다. 빛을 발하는 어떤 물체에 대해 우리가 감각한 대로 어떤 성질이 그물체에 실제로 속해 있다고 생각해서는 안 된다. 우리가 빛이라고 감각한 것은 발광체를 구성하는 각 부분의 운동이 우리의 눈에 전달되어 작용한 결과이다. 앞으로 보겠지만, 발광체를 구성하는 부분들의 운동은 결코 직접적으로 눈을 자극하지 않는다. 발광체의 구성 부분들의 운동은 발광체와 눈 사이의 공간을 빈틈없이 메우고 있는 미세 물질들을 매개로 삼아 간접적으로 눈에 전달된다. 따라서 데카르트의 빛 이론이 과제로 삼고 있는 것은 어떻게 발광체를 구성하는 부분들의 운동이 미세 물질을 매개로 기계론적 운동 법칙에 따라 전달되는지 해명하는 것이다. 하지만 앞서 이야기한 것처럼『굴절 광학』에서 데카르트는 전문적인 복잡한 이론을 제시하기보다 누구나 쉽게 이해할 수 있는 일상 속의 사례들을 비교 모델로 제시해 이 과제를 수행한다. 이제 빛의 성질이『굴절 광학』에서 어떻게 설명되는지 살펴보자.

5. 첫째 모델: 맹인의 지팡이

데카르트가 빛의 성질을 유비적으로 규명하기 위해 제일 먼저 도입한 모델은 '맹인의 지팡이'다. 맹인이 아니라 하더라도 어두운 곳에서 험한 길을 걷는 사람은 지팡이를 이용해 주위를 더듬으며 지팡이에서 손으로 전해지는 감각만으로 어느 정도 물체들을 식별해 낼 수 있다. 물론 이 감각에 익숙하지 않은 사람에게 지팡이만으로 주위 물체를 정확히 식별하는 것은 상당히 어려운 일이다. 그래서 데카르트는 이렇게 제안한다.

눈이 먼 채로 태어나서 평생 동안 이 감각을 사용한 사람들을 생각해 보라. 당신은 그들에게 이 감각이 너무나 완벽하고 정확하다는 것을 알 것이다. 그들은 손으로 본다는 말 혹은 그들에게 지팡이는 시각을 대신해서 주어진 육감과 같은 기관이라는 말을 들을 정도로 말이다. 이 경우와 비교해 보기 위해서 나는 당신이 이렇게 생각하기를 바란다. 사람들이 빛난다고 부르는 물체 속에서 빛은, 맹인과 마주친 물체들의 운동이나 저항이 맹인의 지팡이를 통해 맹인의 팔로 전해지는 것과 동일한 방식으로, 공기와 다른 투명체를 통해 우리의 눈으로 전해지는 매우 신속하고 매우 생생한 어떤 운동이나 작용 이외에 다른 것이 아니라고 말이다.[18]

선천적으로 눈이 보이지 않아서 평생에 걸쳐 지팡이를 사용해 온 사람은 지팡이를 통해 손에 전해진 감각으로 시각을 대신해서 주위 물체들을 식별한다. 선천적 맹인의 '손-지팡이-물체'의 관계는 시력을 지닌 사람의 '눈-공기(투명체)-발광체'의 관계를 이해하기 위한 비교 모델이 된다. 이 모델을 통해 데카르트는 가장 먼저 '빛'을 기계론적 관점에서 정의한다. 마치 맹인이 지팡이를 매개로 물체를 손으로 지각하듯이, 시력을 지닌 사람은 투명한 공기를 매개로 발광체를 눈으로 지각한다. 전자의 경우 지팡이를 통해 손에 전해진 기계적 작용을 통해 손에 감각이 일어나듯이, 후자의 경우 투명체를 통해 전해진 기계적 작용을 통해 눈에 감각이 일어난다. 빛이란 바로 투명체를 통해 발광체에서 눈으로 전해지는 기계적 작용이다.

그렇다면 '빛'이라고 명명되는 이 기계적 작용은 어떻게 눈으로 전달될까? 맹인의 지팡이 모델은 이 기계적 작용이 발광체에서 눈으로 한순간에 즉각적으로 전달된다고 말한다. 현재 우리에게 알려진 과학적 사실에 따르면 빛은 대단히 빠른 속도로 전파되지만 결코 즉각적으로 전파되지는 않는다. 하지만 데카르트 시대에 빛이 즉각적으로 전파된다는 주장은 대부분의 학자들이 인정하던 일반적인 주장이었다.[19] 데카르트는 이 일반적인 주장을 수용하면서 '맹인의 지팡이'라는 기계론적 모델을 통해 이 주장을 쉽게 이해시키려고 한다.

　데카르트는 "지팡이의 한쪽 끝을 움직이는 작용은 다른 쪽 끝으로 한순간에 통과"[20]하므로, 이와 유비적으로 이해된 빛의 기계적 작용도 마찬가지로 발광체에서 눈으로 한순간에 전달된다고 설명한다. 지팡이를 통해 전달되는 것은 한쪽 끝에 가해진 반발 '작용'이지 실제로 운동하는 물질이 아니다. 만일 어떤 물질이 실제로 운동하면서 어느 한쪽 끝에서 다른 쪽 끝으로 이동한다면 그 물질의 이동은 결코 즉각적으로 일어날 수 없다. 마찬가지로 눈이 빛을 지각할 때에도 발광체에서 나온 어떤 물질이나 입자가 실제로 운동하면서 눈에 부딪히거나 눈으로 들어가는 것이 아니다. 빛은 발광체의 운동 작용이 투명한 매체를 통해 기계적으로 눈에 한순간에 전달된 것이다. 그런데 데카르트는 발광체와 눈 사이에 맹인의 지팡이처럼 어떤 작용을 즉각적으로 전달하는 공기와 같은 투명한 매체가 존재한다고 가정하고 있다. 과연 그 매체는 무엇이며 그 매체를 통해 어떻게 발광체의 작용이 즉각적으로 전달될까?

6. 둘째 모델: 포도주 통

맹인의 지팡이를 모델로 삼아서는 이 문제에 답할 수 없다고 생각한 데카르트는 또 하나의 모델을 제시한다. 이번에는 '포도주 통'이다.

포도 수확기의 술통을 보라. 술통은 반으로 압착된 포도로 완전히 가득 차 있고, 우리는 술통 바닥에 한두 개의 구멍을 내서 발효되지 않은 포도 주가 흘러나올 수 있도록 만들었다. 그런데 생각해 보라. 거의 모든 철학자 들이 인정하듯이 자연에는 진공이 존재하지 않는다. 하지만 경험을 통해 꽤 분명히 알 수 있듯이 우리 주위에서 우리가 지각하는 모든 물체에는 많 은 구멍이 있다. 따라서 천체에서 우리에게 이르기까지 연속적으로 연장 되어 있는 매우 미세하고 유동적인 어떤 물질이 그 구멍을 메우고 있다는 사실은 필연적이다. 이제 이 미세한 물질은 저 포도주 통의 포도주와 비교 되고, 공기나 다른 투명체의 덜 유동적이고 더 큰 부분들은 그 안에 있는 포도 알갱이와 비교된다.[21]

앞서 살펴본 것처럼 데카르트가 기계론적으로 파악한 세계 안에 진공이란 존재하지 않는다. 커다랗고 단단한 물체 안에 혹은 물체들 사이에 구멍이 존재하기는 하지만 그 구멍은 미세한 유체 물질로 완 전히 가득 차 있다. 따라서 우리의 눈과 천체의 광활한 사이 공간도 미세한 유체 물질로 빈틈없이 채워져 있으며 바로 이 미세한 유체 물 질이 바로 발광체의 기계적 작용을 전달한다. 반쯤 으깨진 포도 알갱

이와 포도주로 가득 차 있는 포도주 통은 발광체와 눈 사이에 가득 차 있는 미세한 유체 물질을 쉽게 상상하기 위한 모델이다.

이제 포도주 통 바닥에 구멍을 2개 뚫어 보자. 포도주가 아래 방향으로 즉각적으로 쏟아져 나올 것이다. 그럼 두 구멍을 두 손가락으로 막아 보자. 포도주가 쏟아져 나오려는 압력을 느낄 수 있을 것이다. 포도주 통에 가득 찬 포도주의 최상단 표면에 있는 여러 지점들이 발광체가 놓인 지점이라고 생각해 보자. 포도주 최상단의 압력이 포도주를 매개로 한순간에 구멍을 막은 두 손가락으로 전달되듯이, 발광체의 작용은 미세한 유체 물질을 매개로 한순간에 두 눈으로 전달된다. 간단히 말해서 데카르트는 어떻게 미세한 유체 물질이 맹인의 지팡이처럼 발광체의 작용을 즉각적으로 눈에 전달하는지 포도주 통을 모델로 보여 준 것이다.

데카르트는 포도주 통 모델을 통해 빛의 즉각적인 전달 과정에 대해 몇 가지 설명을 덧붙인다. 앞서 말했듯이 빛에 대한 감각은 어떤 물질이 실제적으로 이동하면서 일어나는 것이 아니라 발광체의 "작용 혹은 운동하려는 경향"[22]이 전달되면서 일어난다. 이 점에 주목하면서 데카르트는 빛이 ① 모든 방향으로, ② 직선을 따라, ③ 다른 빛의 간섭 없이 전파된다고 설명한다. 포도주 통 모델에 따르면 포도주 최상단 표면에 있는 여러 지점은 발광체가 놓여 있는 지점들과 비교된다. 앞서 보았듯이 각 지점에서 시작된 포도주의 압력은 바닥의 두 구멍 중 하나로만 전달되지 않고 두 구멍 모두로 전달된다. 바닥에 몇 개의 구멍을 더 뚫어도 마찬가지다. 심지어 술통 바닥이 아닌 옆면에 구멍을 뚫어도 우리는 압력으로 인해 포도주가 쏟아져 나오는 것을 관찰할 수 있을 것이다.

발광체의 작용도 마찬가지이다. 발광체의 작용은 우리의 두 눈 중 하나로만 전달되지 않고 두 눈 모두에 전달된다. 심지어 발광체의 작용은 발광체를 완전히 에워싸고 있는 미세한 유체 물질을 통해 모든 방향으로 전달된다. 그리고 포도주 표면의 각 지점에서 시작된 압력이 포도주 통 속의 실제 포도주의 흐름과 무관하게 각 방향으로 직선을 따라 전달되는 것처럼, 발광체의 작용 역시 미세한 유체 물질의 실제적 움직임과 무관하게 직선으로 전달된다. 마지막으로 포도주 표면의 한 지점에서 시작된 압력이 전달될 때 다른 지점에서 시작된 압력의 전달을 통해 간섭받거나 방해받지 않는 것처럼, 한 발광체에서 나온 빛은 다른 발광체에서 나온 빛에 의해 간섭받거나 방해받지 않는다.

7. 셋째 모델: 테니스공

빛이란 발광체의 작용이 미세 물질을 매개로 눈에 즉각적으로 전달된 것이며, 이 전달은 전(全)방위적이고 직선적이며 다른 발광체의 작용에 의해 간섭받지 않는다. 이런 빛의 성질은 인간의 시각을 이해할 때 중요한 의미를 지닌다. 말하자면, 한 발광체에서 나온 빛은 다른 발광체에서 나온 빛의 간섭을 받지 않고 전 방위적으로 한순간에 직선으로 전파되기 때문에, 한 사람이 동시에 여러 발광체를 볼 수 있을 뿐만 아니라 여러 사람이 동시에 하나의 발광체를 볼 수 있는 것이다. 하지만 시각을 설명하기 위해 결정적으로 중요한 빛의 성질이 또 있다. 바로 빛의 반사와 굴절이다. 발광체가 아닌 물체를 어떻게 볼 수 있는지 이해하기 위해서는 빛의 반사를 이해해야 하고, 눈의 생리적 구조에 따라 어떻게 물체의 상이 망막에 맺히는지 이해하기 위해서는 빛의 굴절을 이해해야 한다. 빛의 반사와 굴절을 설명하기 위해 데카르트는 마지막으로 테니스공의 모델을 도입한다.

> 모든 부분이 동일한 하나의 투명체만 통과할 때 항상 이 광선들은 정확히 일직선이라고 상상해야 한다. 하지만 어떤 다른 물체를 만날 때 이 광선들은 그 물체에 의해 휘거나 약해지는 경향이 있다. 공중으로 던진 공이나 돌멩이의 운동이 다른 물체에 부딪쳐서 휘거나 약해지는 것과 마찬가지로 말이다.[23]

빛이 일직선으로 전파되는 것은 테니스공이 공중에서 일직선으로 운동하는 것과 유비할 수 있다. 이 비교에 따라서 우리는 일직선으로 운동하던 테니스공이 다른 물체에 부딪쳐 되튀거나 휘는 것과 마찬가지로 동일한 매체 속에서 일직선으로 전파되던 빛이 다른 매체를 만나서 반사되거나 굴절된다고 생각할 수 있다.

언뜻 보기에 이 세 번째 모델은 별것 아닌 것처럼 보일 수 있다. 하지만 이 모델을 통해 데카르트는 빛의 전파 과정과 테니스공의 운동 과정이 모두 동일한 자연 법칙을 따른다는 중요한 가정을 도입하고 있다. 테니스공은 물체이므로 당연히 앞에서 말한 데카르트의 세 가지 운동 법칙을 따른다. 먼저 공중으로 던진 테니스공은 셋째 법칙에 따라 직선으로 운동한다고 가정되며, 공중에서 직선으로 운동하는 테니스공은 다른 물체와 부딪치지 않는 한 첫째 법칙에 따라서 동일한 운동 상태를 유지하고, 다른 물체와 충돌한 테니스공은 둘째 법칙에 따라 운동량이 변화되어 운동 속도와 방향의 변화를 겪는다. 그런데 테니스공과의 비교를 통해 데카르트는 빛도 동일한 운동 법칙을 따른다고 가정한다. 빛은 발광체에서 발사된 입자의 실제적인 '운동'이 아니라 단지 발광체의 작용이 매체를 통해 전달된 것뿐인데도 말이다.

8. 과학에 대한 믿음

빛이 기계적 운동 법칙에 따라 전파된다는 가정을 도입함으로써 데카르트는 빛이 반사되거나 굴절될 때 전파되는 경로를 기하학적으로 해석할 수 있게 된다. 물론 물체의 운동과 달리 빛은 한순간에 즉각적으로 전파된다. 하지만 빛의 전파 역시 물체의 기계적 운동과 마찬가지로 직선적이고, 다른 물체와 만나지 않는 한 동일한 경로를 유지하며, 다른 물체와 만나면서 경로 변화를 겪는다. 따라서 빛의 전파 경로도 물체의 운동 궤적처럼 기하학적으로 추적되고 기하학적으로 해석될 수 있다.

간단히 말해서 빛이 전파되는 경로는 마치 xy 평면 위의 직선처럼 수평 성분과 수직 성분으로 분해될 수 있다. 기하학적 관점에서 우리는 이 수평 성분과 수직 성분이 전파 매체의 변화에 따라 각각 어떻게 영향을 받아서 변화되는지 분석할 수 있고, 이 분석 결과에 따라 변화된 수평 성분과 수직 성분을 xy 평면 위에 다시 종합해 빛의 변화된 전파 경로를 재구성할 수 있다. 이런 식으로 데카르트는 빛이 다른 물체를 만나서 어떻게 반사되고 어떻게 굴절되는지 수학적으로 계산할 수 있는 발판을 마련한다. 바로 이 발판 위에서 데카르트는 시각 그리고 시력 증진에 대한 논의를 전개한다. 물체에서 반사된 빛이 '눈'이라는 인체 기관의 특수한 생리적 구조에 따라 어떻게 굴절되고 어떻게 망막에 상으로 맺히는지 그리고 나아가 눈의 생리적 구조는 무슨 기구를 통해 어떻게 보완되고 얼마만큼 개선될 수 있는지 수학적으로 설명할 수 있게 되었으니 말이다.

데카르트는 시각에 대한 생리적 설명 그리고 시력을 개선하기 위한 장치에 대한 설명도 철저히 기계론적 관점에서 제시한다. 눈으로 들어온 빛은 기계적 자연 법칙에 따라서, 즉 운동 법칙과 굴절 법칙에 따라서 망막에 상으로 맺힌다. 눈을 포함한 인간의 신체는 신체를 구성하는 각 부분의 독특한 모양이나 구조에 의해 다른 물체와 구별되기는 하지만 근본적으로는 기계적 법칙에 따라 움직이는 물체의 일종이다. 데카르트에게 인간 신체의 생리적 구조는, 곧 복잡한 기계 구조와 다를 바 없으며, 굳이 특징짓자면, 인간 신체는 "자동 기계, 즉 움직이는 기계"[24]일 뿐이다. 따라서 인간의 시력은 망원경이나 현미경 같은 다른 기계적 장치를 통해 증진될 수 있다. 망원경과 현미경은 렌즈나 거울을 이용해서 눈이라는 기계적 장치의 시각적 한계를 보완한다. 눈은 근본적으로 기계적 장치의 일종이므로 기계적 자연 법칙과 엄밀한 수학적 계산을 바탕으로 설계된 망원경이나 현미경에 의해 충분히 개선될 수 있다.

어느 쪽으로 움직일지 결정하는 일뿐만 아니라 운동도 그리고 일반적으로 모든 종류의 양(量)이 그것을 구성하고 있다고 우리가 상상할 수 있는 모든 부분들로 나눠질 수 있다는 것을 지적할 필요가 있다.[25]

자연 세계는 오직 연장이라는 공간적 성질만을 지닌 채 기계적으로 운동하는 물질로 구성되어 있다. 이런 자연 세계의 모든 현상은, 앞에서 데카르트가 말하듯이, 수학적으로 정확히 분석될 수 있다. 자연 현상에 대한 정확한 해명은 자연을 극복하기 위한 길을 열어 준다. 기계적 법칙과 수학적 계산을 통해 자연의 한계가 규명된다면 그 한계를 극복할 수 있는 방안 역시 동일한 법칙과 계산을 통해 산출될 수 있을 테니 말이다. 데카르트의 빛과 시각에 대한 이론은 과학을 통해 인간이 자연을 정확히 이해하고 극복할 수 있다는 데카르트의 자신감과 희망을 담고 있다.

홍우람(가톨릭 대학교 인간학 연구소 전임 연구원)

4장

관념론자의 시선이 향하는 곳은?

버클리의 『새로운 시각 이론에 관한 시론』

George Berkeley, 1685~ 1753

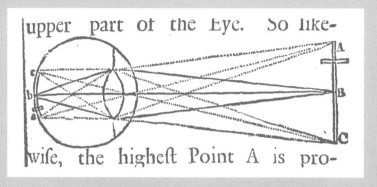

버클리의 저서 『새로운 시각 이론에 관한 시론』의 그림.

1. 버클리의 삶과 신앙을 위한 철학적 계획

존 로크(John Locke, 1632~1704년), 데이비드 흄(David Hume, 1711~1776년)과 더불어 영국 경험론을 대표하는 철학자 중 한 사람인 조지 버클리(George Berkeley, 1685~1753년)는 20대에 주요 철학 저작들을 쏟아낸 철학적 천재였다. 대부분의 위대한 철학자들이 자신의 주요 저작을 삶의 황혼기에 접어들어 발표했다는 점에 비추어 보면 그가 얼마나 지적으로 탁월한 사람인지 짐작하게 된다. (아마도 버클리와 마찬가지로 20대에 주요 작품을 출간한 근대 철학자는 프리드리히 빈헬름 폰 셸링(Friedrich Wilhelm von Schelling, 1775~1854년)이 유일할 것이다.) 원래 버클리의 아버지 윌리엄은 찰스 1세(Charles I, 1600~1649년)를 따르던 영국의 유명한 귀족 가문 출신이었으나, 청교도 혁명으로 찰스 1세가 처형된 후 시련을 겪다가 찰스 2세(Charles II, 1630~1685년)에 의해 왕정이 복고된 후 아일랜드의 벨파스트로 건너가 세금 징수권을 획득한 사람이었다. 윌리엄의 아들인 조지 버클리는 1685년 킬케니 인근 킬크렌의 한 성에서 비교적 부유한 가정 환경 속에 태어났다. 버클리의 천재성은 어렸을 때부터 두드러졌는데, 그는 15세가 되기 전에 더블린의 트리니티 칼리지에 입학해 19세에 학사 학위를 취득했다. 그 후 3년 만에 첫 저서인『대수학(*Arithmetica*)』을 발표한 버클리는 24세에『새로운 시각 이론에 관한 시론(*An Essay towards a New Theory of Vision*)』을, 그 후 1년 뒤에는『인간 지식의 원리론(*A Treatise Concerning the Principles of Human Knowledge*)』의 일부를 발표했고, 28세에는『하일라스와 필로누스의 대화 세 마당(*Three Dialogues between Hylas and Philonous*)』을 발표하는 등 주요한 논문들을 자신의 20대에 출판한 탁월한 지적 능력의 소유자였다.

버클리는 가톨릭 신자가 대부분이던 아일랜드에서 신앙심 깊은 성공회 신자이자 종교인이기도 했다. 그는 이미 25세이던 1710년에 성공회 신부가 되었고, 실패하기는 했지만 영국령인 버뮤다 군도에 대학을 세우기 위해 미국 로드 아일랜드로 5년간 선교 여행을 가기도 했고, 49세에 클로인(Cloyne)의 주교로 임명까지 받았던 사람이었다. 이처럼 버클리는 철학자라기보다는 기독교 활동가라고 말하는 것이 더 적절할 정도로 자신이 믿었던 신앙을 삶에서 철저히 구현한 사람이었다. 선교 활동과 교육 활동에 전념한 것도, 질병 치료를 위해 타르-물(tar-water)[1]의 효력에 관해 연구한 것도 인간의 전반적인 복지에 관한 그의 신앙이 투영된 결과였다. 그의 철학적 작업 역시 마찬가지라 할 수 있다. 버클리는 철학자로 불리기를 원치 않으면서도 기독교 신앙과 기독교적 삶의 실천에 위협을 가하는 여러 철학적 사조들에 대해 논박하는 것을 그의 중요한 과제 중 하나로 삼았다.

2. 근대 과학과 기계론적 자연관

17, 18세기 당시 유럽은 토머스 홉스(Thomas Hobbes, 1588~1679년) 이래로 물질주의적인 유물론과 기계론적인 자연관이 유행하던 시기였다. 아리스토텔레스 이후 17세기 이전까지만 하더라도 자연을 바라보는 주요한 입장은 목적론적인 세계관이었는데, 이는 자연 현상이나 사물의 본성에 관해 하나의 목적 개념을 상정해 놓고 파악하려는 입장이었다. 이 관점에서 보자면 자연은 신에 의해서 특정한 의도에 따라 창조된 하나의 유기적 체계로 여겨졌고, 따라서 철학자들과 과학자들의 역할이란 이 자연에 내재된 목적이나 본성을 탐구하는 것이었다. 하지만 17세기 이후 근대 과학이 발전하기 시작하면서 이러한 사고는 쇠퇴하기 시작했고 그 대신 자연을 법칙에 따라 움직이는 하나의 기계로 간주하는 사고가 나타났다. 자연이 기계론적인 관점으로 이해되기 시작하면서 자연에서 발생하는 모든 운동과 변화는 기계적 인과 관계로 설명될 수 있었다. 물론 근대에는 이러한 기계적인 자연관이 인간에게까지 적용되지는 않았지만, 인간을 제외한 모든 우주는 정밀한 시계와 같은 것으로 이해되었고 자연에 관한 결정론적 세계관이 서서히 자리 잡기 시작했다.

이러한 유물론과 기계론적 자연관은 외부 세계를 파악하는 우리의 인식 과정에도 영향을 미쳤다. 데카르트 이후로 기계론적 자연관을 받아들인 근대 인식론의 핵심 사상들은 대부분 정신이라는 실체와 정신 바깥에 물질적인 실체의 존재를 가정했다. 이 견해에 따르면 정신과 물질은 서로 이질적이어서 직접적으로 상호 영향을 주고받을 수 없으며 따라서 우리의 정신은 물질적인 외부 대상을 직접 파악할 수 없다. 우리 정신이 직접 파악할 수 있는 것이란 오직 우리 정신 안에 존재하는 외부 대상으로부터 생겨난 관념뿐이다. 물질적인 대상으로부터 오는 물리적 자극이 우리의 감각 기관 위에 주어진다고 하더라도 우리 정신이 그것을 직접 파악하기 위해서는 그 물리적 자극을 심적 대상물인 심리적 인상(관념)으로 환원시켜야 한다. 하지만 앞서 말한 정신과 물질의 이질적 본성 때문에 이 환원 과정에 관한 인과적 설명은 불가능할 수밖에 없다. 할 수 있는 유일한 설명이란 인과적 설명 없이 "물리적 인상은 그것의 심적 대상물인 감각 관념을 정신 안에 만들어 낸다."라고 단순히 단언하는 것뿐이다. 이것이 외부 대상의 지각을 설명하는 데 있어 정신과 물체라는 두 이질적인 실체의 존재를 인정하는 근대 철학자들이 처한 상황이었다.

버클리는 이처럼 세계를 정신적인 영역에 속하는 관념과 물질에 속하는 외부 대상으로 이원화하게 되면 정신이 관념의 세계 밖으로 나아갈 수 있는 방법이 없기 때문에 결국 외부 대상의 존재에 대한 확실한 지식을 담보할 수 없게 되고 따라서 회의주의에 빠질 수밖에 없다고 보았다. 버클리의 주된 비판의 대상은 당대에 가장 영향력이 있던 철학자 중 한 사람인 존 로크였다. 로크는 기계론적 자연론자인 로버트 보일(Robert Boyle, 1627~1691년)의 영향 아래 물체를 구성하는 작은 입자들의 크기, 모양, 움직임, 배열에 따라서 물체의 본성과 운동을 설명하려는 입자설의 가정을 자신의 철학적 방법론의 기초로 삼았다. 로크에 따르면 우리는 감각을 통해 '딱딱한', '파란', '네모난'과 같은 성질들만을 파악할 수 있고, 이 성질들을 담고 있는 하나의 독립된 존재물로서의 물리적 실체는 직접 파악하지 못한다. 더욱이 이러한 성질들은 실체를 구성하는 미세한 부분들(입자들)의 실재적 구조에 의존하는데 이 부분들은 너무나 미세해 그 구조가 어떠한지 우리의 감각으로는 파악할 수 없다. 오직 우리는 물체를 구성하는 입자의 내적 구조에 근거해서 생겨난 크기, 형태, 조직, 운동성과 같은 외부 대상의 1차 성질에 관한 관념들과 1차 성질들에 의해 우리의 감각기관 위에 발생하는 색깔, 소리, 냄새 맛과 같은 2차 성질에 관한 관념들만을 직접적으로 파악할 수 있다. 실체로서의 물체와 그 본질은 이러한 성질들을 통해 간접적으로 추정해 파악할 수 있을 뿐이다.

감각 관념을 통해서 물리적 실체를 간접적으로라도 파악할 수 있다고 보는 로크의 이론은 우리의 바깥에 우리의 감각을 통해 파악할 수 없는 어떤 물질적 실체의 존재를 상정한다. 하지만 이 이론은 우리가 직접적으로 파악할 수 있는 것은 내 안의 감각 관념들뿐이기에 '왜 감각 관념들이 내 바깥의 물질적 실체의 존재를 상정해야 하는지', '물질적 실체의 성질들과 감각 관념들이 왜 서로 닮아 있는지'를 설명하지 못한다. 버클리가 보기에 이 문제를 제대로 설명하지 못하는 한 이 이론은 필연적으로 외부 대상 인식에 관한 회의주의로 귀결

될 수밖에 없었다.

3. 버클리의 비유물론

성공회 신부로 기독교 신앙을 수호하는 데 열심이었던 버클리는 이러한 기계론적 자연관에 기초한 철학은 우주 안에 신이 들어올 수 있는 자리를 제거해 버리며 인간과 신의 정신 바깥에 정신과는 무관한 사물이 스스로 존재할 수 있다는 주장을 함의하고 있으므로, 필연적으로 무신론과 회의주의로 빠질 수밖에 없다고 보았다. 따라서 버클리는 이러한 기계론적인 세계관에 바탕을 둔 이론을 거부하고 기독교 신앙을 옹호할 수 있는 새로운 종류의 사상을 만들려했다. 그 사상이 바로 버클리가 "비유물론"이라고 명명한, 하지만 우리에게는 '주관적 관념론'이라는 이름으로 더 잘 알려진 이론이다.

버클리는 우선 엄밀한 언어 분석적 방법을 통해 자신의 철학 체계를 정립한다. 과거의 철학들은 철학의 용어들을 사용하는 데 있어 수학과 같이 정확한 표현을 사용하지 않았고 오히려 기존에 받아들였던 의미들을 중첩시킨 채 무분별하고 포괄적으로 사용해 왔다. 이러한 잘못된 관행은 그리스 철학에서부터 시작되어 스콜라 철학에 이르기까지 수정되지 않고 이어져 왔으며, 그 결과 과거의 철학들은 무의미한 용어들을 남용해 왔다는 것이 버클리의 진단이었다. 버클리는 이러한 관행에서 벗어나 철학에서 사용하는 용어들이 명백하고 확정된 의미를 갖도록 정의하는 것이 중요하다고 보았다. 이러한 그의 언어 분석적 방법 중 그의 철학을 설명하는 데 중요한 단초가 되는 것이 바로 '존재'라는 단어였다. 버클리는 '존재'라는 단어야말로 철학사에서 가장 오래된 단어임에도 전혀 그 의미가 명백하게 드러나지 않은 용어라고 주장하면서 '존재'라는 단어의 정확한 분석을 시도한다.[2]

어떤 것이 '존재'한다는 말의 정확한 의미는 무엇인가? 어떤 것이 존재한다는 것은 '우리가 지각할 때 그것이 존재한다.'는 것 이외에 무슨 의미를 더 가질 수 있는가? 즉 "내 앞에 노트북이 존재한다."라고 말할 때, 나의 손의 촉각에 의해서 딱딱함을 느끼고, 시각에 의해서 네모난 모양을 보고, 청각에 의해서 일정한 패턴의 소리를 들음으로써 어떠한 사물이 존재한다는 것 이외에 더 무슨 의미를 지닐 수 있는가? 만약 내가 아무것도 감각하지 않음에도 불구하고 노트북이 존재한다고 말한다면 존재라는 단어를 과거의 관행에 따라 무분별하게 사용하는 것일 뿐 엄밀하고 정확하게 사용하는 것일 수 없다. 따라서 버클리에 따르면 우리가 감각할 수 없는 물질적 실체가 존재한다는 로크의 주장은 의미 없는 말에 불과한 것이다. 우리에게 존재하는 것은 우리의 감각을 통해 얻어진 관념들뿐이며, 우리는 이 관념들만을 감각하므로[3] 감각적 사물이란 이러한 감각 관념에만 적용되어야 한다고 버클리는 주장한다. 만약 '감각적 사물'이라는 단어를 감각 관념 이외 다른 것에 적용해 그 존재를 주장한다면 그것은 '존재'라는 단어를 오용하는 것이다. '존재'라는 뜻이 그러하다면 우리는 "존재하는 것은 지각되는 것(esse est percipi)"이라는 버클리의 유명한 말이 무엇을 의미하는지 쉽게 이해할 수 있다.[4] 버클리에게 '존재하는 것'이란 감각 관념과 별개로 정신 바깥에 존재하는 외부 대상이 아니라 감각 관념 그 자체이며, 바로 그 감각 관념이 바로 감각 지각 대상이 되는 것이다. 이처럼 버클리는 '존재'라는 단어의 의미에서 기존에 담고 있는 무의미하고 무분별한 여러 의미들을 제거하고 경험을 통해서 정확하게 파악 가능한 의미만을 남긴다.

버클리는 감각과 무관한 정신 바깥의 세계를 제거하고 자신의 비유물론을 완성하기 위해서 감각 관념과 연관된 두 가지 문제를 해결해야만 했다. 첫째는 나의 감각 관념의 기원에 관한 문제다. 외부 대상으로부터 오는 물리적 인상이 나의 감각 관념의 기원이 아니라면 내가 갖게 되는 감각 관념은 어디서 기원하는가? 일상적인 의미에서는 내가 지금 노트북을 지각하는 이유는 나의 정신 바깥에 실제 노트북이라는 외부 대상이 있고 그 영향에 의해서 내 안에 그 대상에 대응하는 감각 관념들이 생겨났기 때문이라고 할 수 있다. 하지만 정신 바깥의 세계를 제거한 버클리는 외부 대상의 존재 없이 감각적 관념들, 즉 감각적 사물들의 기원을 설명해야 했다. 노트북이라는 감각적 사물이 나의 정신 안에 감각 관념으로만 존재한다면 왜 하필 나는 지금 이 순간에 노트북이라는 감각적 사물의 존재를 지각하는가? 둘째는 감각적 사물의 지속에 관한 문제다. 감각적 사물이 나의 정신 안에 감각 관념으로만 존재한다면 내가 없을 때 감각적 사물도 존재하지 않아야 한다. 모든 감각적 사물은 그것을 지각하는 나의 정신과 관련해서만 존재할 수 있으니 말이다. 따라서 노트북이라는 감각적 사물은 내가 거실을 떠나서 지각하지 않는 순간 존재하지 않아야 한다. 버클리는 우리가 경험하는 세계가 허상의 세계가 아니라 일상적이고 질서 잡힌 정합적인 세계임을 보이기 위해서 나의 정신이 존재하지 않더라도 감각적 사물들의 존재 가능성을 확보해야 했다. 버클리는 신을 도입함으로 이 두 가지 문제에 대한 해결책을 제시한다. 『하일라스와 필로누스의 대화 세 마당』에 있는 다음의 구절을 살펴보자.

내가 지각하는 것은 나 자신의 관념들이며, 관념은 그 어떤 것이든 정신 이외의 곳에는 존재할 수가 없네. 또 그 못지않게 명료한 것이지만, 이들 관념들 내지 나에게 지각된 것들은 그것들 자체 건 그것들의 원형들이건 간에 나의 정신과는 무관하게 존재하네. 나는 내 자신이 그것들의 작자가 아님을 알고 있기 때문이네……. 그것들은 그 의지에 따라 그것들이 나에게 노출되는 바, 어떤 다른 정신 속에 존재하지 않으면 안 되네. 직접적으로 지각되는 것들은 관념들 내지 감각 인상들이네. 그러나 관념들이나 감각 인상이 정신이나 영적 존재자 이외의 다른 것 속에서 어떻게 존재할 수 있겠는가? 또 그런 것에 의해 어떻게 산출될 수 있겠는가? 이것은 사실 생각될 수 없는 것이네.[5]

버클리에 따르면, 첫째, 내 안에 생겨난 감각 관념은 내가 능동적으로 만들어 낸 것이 아니다. 내가 감각하는 것의 존재는 나에게 의존하지 않으므로 나는 감각(지각) 작용에 있어서 항상 수동적이다. 버클리에게 이 수동적으로 생성된 관념들은 신(의 정신)에 의해 나에게 부과된 것들로 상정된다. 이러한 점에서 상상에 의한 관념과 감각적 사물에 대한 감각(지각) 관념은 엄격히 구분된다. 둘째, 버클리가 나의 정신이나 다른 사람의 정신이 없다 하더라도 감각적 사물이 여전히 존재할 수 있다고 주장한 이유 역시 신(무한한 정신)의 존재를 상정하기 때문이다. 즉 나나 다른 사람과 같은 유한한 정신이 감각하고 있지 않더라도 감각적 사물이 존재할 수 있는 이유는 무한한 정신인 신이 그것들을 지각하고 있기 때문이다. 이러한 방식으로 버클리는 자칫 허상의 세계로 빠질 수 있는 관념의 세계를 우리의 상식에 부합하는 객관적 실재성을 지닌 세계로 그려 낸다. 이제 버클리는 앞서 진술한 '존재'의 정의에 또 하나의 의미를 부여한다. 즉 존재하는 것은 지각되는 것일 뿐만 아니라 지각하는 것이기도 하다. 정신 없이는 지각 관념을 형성할 수 없으므로 버클리는 내성 경험(introspection)에 근거해서 지각하는 정신도 존재라는 단어의 의미 안에 포함시킨다. 따라서 '존재'에 대한 버클리의 정의는 "존재하는 것은 지각되는 것이거나 지각하는 것(esse est percipi aut percipere)"으로 확장된다.[6]

4. 과학의 역할

이처럼 버클리는 물질의 세계를 제거하고 일원론적인 관념의 세계를 정립한 후 신이라는 무한한 정신을 끌어들여 그 세계의 객관적 실재성을 확보하고 우리의 경험과 세계를 일치시킴으로써 기계론적 자연관의 이원론적 세계에서 필연적으로 발생하는 무신론과 회의주의를 극복하려고 했다. 그렇다면 기계론적인 자연관을 거부하고 관념의 세계만을 인정한 버클리의 사상에서 과학은 어떠한 위치를 차지하고 있는가? 근대 과학은 기계론적 자연관과 떼려야 뗄 수 없는 관계에 있으므로 버클리는 근대 과학이 그려 내는 자연 현상과 물리적 현상을 거부했을까? 버클리는 앞서 언급한 것처럼 수학뿐만 아니라 물리학과 화학에 관한 여러 논문을 낼 정도로 과학을 중시했으니 그렇지는 않았을 것이다. 하지만 과학의 위치에 관한 버클리의 생각은 다른 근대 과학자들과는 달랐다. 버클리는 과학의 역할을 사물의 본성이 무엇인지 밝히거나 그 본성에서 발생하는 변화에 대한 인과적 설명을 제공하는 것으로 여기지 않았다. 오히려 과학의 역할이란 경험을 통해 자연에서 발생하는 규칙적인 현상들을 발견해 유용하게 사용하는 데 있다고 주장한다. 버클리는 그의 관념의 세계 안에 존재하는 감각적 사물들 사이에도 일정한 질서를 따르는 정합적인 관계가 형성되어 있다고 주장한다.

> 자연계의 결과들의 전체 연쇄를 관통하는 확실한 일반적인 법칙들이 있다. 이러한 법칙을 사람들은 자연을 관찰하고 연구함으로써 알게 되며, 이 법칙들을 여러 가지 현상을 설명하기 위해서 적용한다.[7]

감각적 사물들은 서로 일정한 질서 아래서 관계를 맺는다. 그리고 우리는 이러한 규칙적이고 정합적인 관계를 자연 법칙이라는 일반적인 이름으로 묶어 낸다. 모든 감각적 사물들 사이의 관계는 규칙적이고 질서 잡혀 있기는 하나 필연적인 관계는 아니다. 오히려 감각적 사물들의 관계를 나타내는 자연 법칙은 언제나 우연적이다. 예를 들어, 물에 열을 가하면 섭씨 100도에서 끓는 현상이 관찰되기는 하지만 그 현상은 필연적이지 않다. 우리는 단지 반복되는 관찰과 실험으로 그러한 현상이 규칙적으로 발생함을 알게 되고 그 현상에서 관찰한 질서에 자연 법칙이라는 이름을 부여했을 뿐이다. 물과 열 사이에 물을 끓게 만드는 필연적 관계란 없다. 자연 법칙은 사물들 사이의 일반적인 작용 방식을 설명하고 예측하는 것일 뿐 필연적으로 그러한 작용이 있어야만 한다는 것을 보여 주지 않는다. 지금까지 물이 위에서 아래로 흘렀다고 해서 내일도 필연적으로 그래야 하는 것은 아니며 하나의 공이 굴러서 정지해 있던 공에 부딪혔다고 해서 부딪힌 공이 꼭 움직여야 하는 것은 아니다. 버클리는 언어에서 찾아볼 수 있는 기호 관계를 가지고 자연 안에서 발생하는 이러한 우연적 법칙을 유비적으로 설명한다. '노트북'이라는 단어가 노트북이라는 감각적 사물을 지칭하는 데에는 어떠한 필연적 관계도 필요하지 않다. 우연히 '노트북'이라는 기호를 통해 노트북이라는 감각적 사물을 표시했을 뿐이다. 자연 현상도 마찬가지다. 불과 연기의 관계는 일종의 기호 관계일 뿐 불은 연기 발생의 원인이 아니다. 버클리는 관념의 세계 속에 있는 감각적 사물들 사이에서 발생하는 모든 원인을 신에게 돌림으로써 어떤 다른 원인도 인정하지 않는다. 버클리에게 원인이 될 수 있는 것은 능동성을 가지고 있는 정신뿐이며 정신들 가운데 감각적 사물들의 원인이 될 수 있는 것은 무한 정신인 신뿐이다. 그렇다면 우리는 자연 법칙이 감각적 사물들 사이에 규칙적으로 발생하는 일들을 잘 설명함에도 불구하고 왜 버클리가 자연 법칙이 필연적 법칙이 아니라고 말하는지 잘 이해할 수 있다. 신이 감각적 사물들과 그것들 사이 관계의 원인이므로 신이 원하면 기존의 방식과는 다른 방식으로 감각적 사물들의 관계를 설정할 수 있다. 따라서 힘, 중력, 인력, 자기력이라고 부르는 것들은 운동의 원인으로서 실체가 가지고 있는 내적인 속성이 아니라 규칙적으로 반복되는 경험적 관계를 표현하는 일종의 도구적 명칭일 뿐이다. 진정한 원인은 언제나 신에게 귀속된다. 버클리가 보기에 과학의 진정한 역할이란 경험을 통해 우연적인 자연의 질서들을 발견해 앞으로 벌어질 일을 예측하는 것이고 그 예측을 바탕으로 우리의 삶에 유용성을 제공하는 것이다.[8]

5. 버클리의 시각 이론

과학에 대한 이러한 버클리의 견해는 그의 시각 이론에서 잘 드러난다. 버클리의 시각 이론을 통해 버클리가 생각한 과학의 역할에 대해 다시 한번 살펴보자. 먼저 버클리는 기계론적 자연관에 바탕을 둔 기존 시각 이론의 문제점을 지적함으로써 자신의 시각 이론을 정립해 나간다.

(데카르트와 같은) 사변적인 사람들의 의견은 대상에 수렴하는 시각의 두 축

선이 대상에서 각을 이루며, 그 각이 더 커지거나 작아짐에 따라 그 각에 의해서 그 대상이 더 가까이 있거나 멀리 떨어진 것으로 지각된다는 것이다. …… 그러나 몇몇 사람이 거리의 지식을 설명하는 수단으로 사용하는 선과 각은 그 자체가 결코 지각되지 않으며, 사실상 광학에 서투른 사람은 선과 각을 전혀 생각하지 않는다. 나는 도대체 누가 한 대상을 보자마자 두 시각 축선이 만나서 이루는 각의 크기에 의해서 그 거리를 계산하는지, 또는 어느 시각적 점에서 광선이 더 많거나 적게 발산해서 그의 눈동자에 도달한다고 생각하는지 자신의 경험에 비추어보기를 원한다.[9]

버클리는 데카르트의 『굴절 광학』을 예로 들어 기계론적이고 기하학적인 자연관에 바탕을 두는 시각 이론에 문제를 제기한다. 데카르트에 따르면 외부 대상과 우리 눈 사이에는 어떠한 빈 공간도 없이 미세한 입자들로 가득 채워져 있는데, 광원으로부터 나온 광선이 외부 대상에 부딪친 후 반사되면 그 반사된 광선이 눈과 대상 사이에 존재하는 미세한 입자들에 영향을 미치고 그 운동으로 인해서 우리가 외부 대상을 보게 된다. 그렇다면 우리는 어떻게 외부 대상의 거리와 크기를 알 수 있는가? 데카르트는 우리 눈에 들어오는 미세한 입자들의 운동을 전달하는 광선을 통해 시각과 대상 사이의 선과 각을 파악하고 그것을 가지고 대상의 거리와 크기를 추론할 수 있다고 주장한다. 즉 두 눈 사이의 거리를 알고 있으며, 대상을 향하는 두 눈 각각의 축선과 대상 사이에 놓여 있는 각도를 알고 있다면, 거리와 크기를 추론할 수 있다는 것이 데카르트의 주장이었다.[10] 이러한 기하학에 기초한 거리와 크기 파악은 우리의 시각 축선과 거리와 크기 판단 사이에 필연적 연관성[11]이 있음을 함축한다. 하지만 버클리는 보통 사람들은 광선의 양을 계산하거나 각과 선을 계산하지 않아도 사물의 거리나 크기를 잘 알 수 있다는 사실을 들어 선·각에 대한 파악과 크기·거리 판단 사이의 필연적 연관성을 부정하고 데카르트식의 기계론적이고 기하학적인 시각 이론을 거부한다.

그 대신에 버클리는 『새로운 시각 이론에 관한 시론』을 통해 시각이 어떻게 대상의 거리, 크기를 지각하는지 자신만의 방식으로 보여 준다. 우선 버클리의 시각 이론을 살펴보기 전에 우리가 다시 한번 명심해야 할 점이 있다. 버클리가 자신의 시각 이론을 설명할 때 등장하는 시각이나 촉각과 같은 감각 기관, 감각적 사물, 그리고 거리나 크기, 위치가 일상적인 물리적 시공간의 영역을 염두에 두고 있다고 생각해서는 안 된다. 앞서 살펴본 것처럼 버클리의 철학 체계에서는 감각적 사물뿐만 아니라, 감각 기관, 감각 작용, 거리, 크기 등도 경험을 통해서 우리 마음 안에 생겨난 관념들이라는 점을 잊어서는 안 된다.

그렇다면 버클리는 시각이 거리와 크기를 어떠한 방식으로 지각한다고 말하는가? 놀랍게도 버클리는 감각적 사물의 거리나 크기가 시각에 의해서 직접 지각되는 것이 아니라고 단언한다. 통상 우리가 가진 각각의 다른 종류의 감각은 서로 별개의 감각 관념들과 직접 연관되어 있다. 예컨대, 청각은 소리, 미각은 맛, 후각은 냄새라는 감각 관념과 연결되어 있다. 그렇다면 거리와 크기는 어떠한 감각과 연결되어 있을까? 버클리에 따르면 거리, 크기, 연장 등은 시각이 아닌 촉각과 직접적으로 연관되어 있다.

> 거리, 촉각적 모양, 충전성같이 촉각으로 지각할 수 있는 어떤 관념이 어떤 시각 관념과 연관되어 왔다는 것을 오랫동안 경험하고 나서 나는 이 시각 관념을 지각하자마자 곧 익숙한 정상적인 자연의 과정에 의해 어떤 촉각 관념이 뒤따라올 것 같은지 결론 내린다. 나는 한 대상을 보면서, 내가 만약 전에 관찰해 오던 것에서 여러 걸음 또는 수 마일 앞으로 나아간다면 어떤 촉각 관념의 영향을 받을 것이라고 단정 짓게 하는 어느 정도의 희미한 생각과 함께 특정한 시각적 모양과 색깔을 지각한다. 따라서 엄밀하게 말하면 나는 거리 자체도, 내가 떨어져 있다고 여기는 어떤 것도 보지 못한다. …… 떨어져 있는 어떤 사물을 엄밀히 관찰하는 사람은 누구나 촉각적으로 지각할 수 있는 자기 몸의 움직임에 의해 측정되는 특정한 거리를 지난 뒤 통상적으로는 이러 저러한 시각 관념과 연관되어 왔었던 특정한 촉각 관념을 지각하게 된다는 데 동의할 것이다.[12]

버클리에 따르면 오랫동안 우리는 시각 작용을 통해서 감각적 사물의 크기나 거리를 파악할 수 있다고 생각해 왔지만 시각 작용은 실제로는 어떠한 거리·크기 관념과도 직접적으로 연결되어 있지 않다. 오히려 감각적 사물의 거리·크기는 촉각에 의해서 직접 파악되는 관념이다. 선천적 시각 장애인이 수술을 통해 처음으로 보게 되는 경우를 예를 들어 생각한다면 그 사람이 시각만을 가지고 시각과 대상 사이의 거리나 대상의 크기를 제대로 파악할 수 없을 것임을 쉽게 상상할 수 있을 것이다.[13] 그렇다면 왜 우리는 시각이 대상과의 거리와 크기를 직접 파악하는 것처럼 생각해 왔을까? 통상 촉각에 시각이 거의 항상 동반되어 왔기에 우리는 거리·크기가 마치 시각에 의해서 직접 파악되는 것으로 간주해 왔다. 실제로 우리는 특정한 감각을 반복적으로 경험함에 따라 해당 감각으로는 직접 파악할 수 없는 것임에도 간접적으로 지각하는 경우가 종종 있다. 소리만 듣고 자동차의 종류를 맞힌다든지 냄새를 통해서 방안에 장미꽃이 있다고 판단하게 되는 것들이 바로 그렇다. 이러한 경우 우리는 반복되는 경험을 통해서 제공되는 간접적인 연결을 바탕으로 지각한다. 시각과 거리·크기 관념 사이의 관계도 이와 동일한 경우다. 우리의 시각 작용은 모양이나 색깔 관념에만 직접적으로 연결되어 있을 뿐, 시각 작용은 거리나 크기 관념과는 반복되는 경험을 통해서 간접적으로만 연결되어 있다. 버클리에게 거리·크기 관념을 그 대상으로 삼아 직접 파악하게 해 주는 것은 촉각 작용뿐이다.

촉각이 거리·크기를 판단할 때 시각이 항상 동반된다는 사실은 시각도 거리·크기 판단과 반복되는 경험을 통해서 간접적으로 연결되어 있음을 보여 준다. 즉 우리는 시각에 의해서도 간접적으로 대략적인 거리와 크기를 판단할 수 있다. 버클리는 시각 작용이 우리에게 거리를 제시하는 네 가지 방식에 대해 설명한다.[14] 첫째, 거리에 관해서는 눈동자 사이의 간격과 배열의 변화를 통해 알게 된다. 눈 사이의 배열이 가깝다는 감각은 가까운 거리에 사물이 있다는 사실과 연결되며 눈 사이의 배열이 멀다는 감각은 먼 거리에 사물이 있다는 사실과 연관된다. 둘째, 사물이 눈에 가까이 오면 올수록 그 사물은 혼란스러운 시각 관념을 생성한다. 멀어지면 멀어질수록 혼란스럽지 않은 시각 관념을 생성한다. 셋째, 사물이 멀리 있으면 희미한 시각 관념을, 가까이 있으면 생생한 시각 관념을 생성한다. 넷째, 둘째 경우와 연관해서 우리는 얼마 동안 우리의 눈을 긴장시킴으로써 가까이 온 대상이 혼란스럽게 보이는 것을 방지할 수 있다. 이 경우에 눈의 긴장 정도에 따라 우리는 감각적 사물이 얼마나 더 가까이 있는지 판단할 수 있다. 물론 이러한 시각에 수반되는 감각 관념들과 거리 관념 사이에 발생하는 연결은 직접적이지 않기에 우리가 말할 수 있는 것은 대체적으로 시각에 이러저러한 감각이 생기면 감각적 사물의 거리가 비교적 멀다는 것뿐이다.

크기도 마찬가지다. 버클리는 거리와 달리 크기를 시각적 크기와 촉각적 크기로 구분하고 시각을 통해서는 크게 보임과 작게 보임과 같은 상대적 크기만을 판단할 수 있고, 우리가 일상적으로 받아들이는 절대적 크기는 촉각을 통해서만 판단될 수 있다고 주장한다. 그렇다면 시각을 통해서 우리는 어떻게 절대적 크기를 판단하게 되는가? 우선, 거리와 다르게 크기에 있어서 시각은 크게 보임과 적게 보임이라는 직접적 감각 관념을 가질 수 있다고 말함으로써 버클리는 시각적 크기를 인정한다. 하지만 크게 보임과 적게 보임은 엄밀한 의미에서 크기가 아니다. 시각은 큰 사물에 대해서 일반적으로 크게 보임이라는 감각 관념을 제공할 뿐 절대적 크기의 관념을 제공할 수 없다.

시각은 멀리 있는 큰 사물과 가까이에 있는 작은 사물을 동일한 크기의 사물로 착각할 수 있기 때문이다. 시각이 절대적 크기의 관념을 획득하는 방식은 크게 보임과 더불어 앞서 살펴본 우리에게 거리를 제시하는 네 가지 방식의 결합을 통해서 얻게 된다. 경험적 방식을 통해서 거리를 알게 되고 크게 보임이라는 시각 관념을 갖게 되면 그 둘 사이의 결합을 통해서 그 사물의 절대적 크기가 어느 정도 우리에게 제시될 수 있다는 것이 버클리의 주장이다. 물론 여기서도 시각과 크기 사이의 관계는 간접적이어서 경험상 그렇다는 것일 뿐 그 둘 사이에 어떠한 직접적 연결도 존재하지 않는다.

6. 과학과 유용성

이제 우리는 버클리의 시각 이론에 대한 설명을 통해 그가 바라본 과학의 위치에 대해 더 자세히 알 수 있게 되었다. 과학은 더 이상 사물의 본성이나 원인을 밝히는 데 자신의 사명을 지니지 않는다. 실제로 기계론적 자연관에서조차 변화나 운동의 원인을 따라가다 보면 결국 만유인력의 법칙과 같이 수학적 공식으로 표현되는 일련의 반복적인 패턴에 도달할 뿐, 그 원인이 사물 안에 내재된 속성이거나 사물들 사이에 존재하는 신비스러운 실재물이라고 말할 수 없다. 자연 법칙이라고 불리는 이 일정한 패턴이란 더 이상 인과적 설명이 불가능한 경험적 관계들에 대한 진술일 뿐이다. 버클리는 이 점을 이미 꿰뚫어 보았다. 우리가 과학을 통해 자연에서 발견할 수 있는 것들이란 경험이 우리에게 보여 주는 규칙적이고 정합적인 현상들일 뿐 사물 간의 필연적인 연관 관계나 인과 관계일 수 없다. 우리가 감각할 수 있는 모든 규칙적인 자연 현상들은 우연적인 연관 관계만을 가질 뿐이다. 반복되고 규칙적인 경험이 특정한 시각적 감각과 거리·크기 관념을 간접적으로 연결하는 것과 마찬가지로 우리의 본성이 촉각과 거리·크기 관념을 직접적으로 연결한다 하더라도 그 둘 사이의 연관 관계란 여전히 유일한 원인인 신에 의해서 우연적으로 부여된 연관성에 불과하다. 이러한 관점에서 보자면 결국 버클리에게 과학의 역할이란 경험을 통해 규칙적으로 반복되는 자연 현상들 사이에 우연적이지만 정합적인 질서를 발견하고 그 질서에 법칙이라는 이름을 붙여 앞으로 벌어질 현상들을 최대한으로 예측하는 것이다. 아울러 그 예측을 바탕으로 자연을 유용하게 이용하는 것일 뿐 그것을 넘어서는 어떠한 역할도 가지고 있지 않다.

김종원(나사렛 대학교 오웬스 교양 대학 교수)

3부

사물의
이치

5장

운동과 정지,
빠름과 느림으로 이해된 개체

스피노자의 『윤리학』

Baruch de Spinoza, 1632~1677

ETHICA

Ordine Geometrico demonstrata,

E·T

In quinque Partes distincta,
in quibus agitur,

I. De Deo.
II. De Naturâ & Origine Mentis.
III. De Origine & Naturâ Affectuum.
IV. De Servitute Humanâ, seu de Affectuum Viribus.
V. De Potentia Intellectus, seu de Libertate Humanâ.

스피노자의 『윤리학』 초판 표지.

1. 스피노자의 삶과 자연학

네덜란드 암스테르담은 지금도 전 세계에서 가장 자유로운 도시로 꼽히지만, 17세기에도 이런 명망을 누렸다. 온갖 금서들이 여기서 출판되었고, 위태롭긴 했지만 공화주의 당파가 지배하기도 했다. 데카르트는 장장 20여 년 동안 여기 머물면서 홀로 연구했다. 빛의 파동설이나 진자 시계 발명으로 유명한 크리스티안 하위헌스(Christiaan Huygens, 1629~1695년)도 여기 살았으며, 네덜란드 공화정을 이끌었던 얀 더 빗(Jan De Witt, 1625~1672년) 자신이 뛰어난 수학자였다. 포르투갈계 유대인으로 암스테르담의 사업가 집안에서 태어난 바뤼흐 스피노자(Baruch Spinoza, 1632~1677년)는 바로 이런 지적 환경 속에서 살았고 헤이그의 하숙집에서 사망할 때(1677년 2월 21일)까지 한 번도 네덜란드를 떠나지 않았다. 그는 데카르트, 고트프리트 빌헬름 폰 라이프니츠(Gottfried Wilhelm von Leibniz, 1646~1716년)와 더불어 17세기 대표적 합리주의자 중 하나로 꼽히며, 그의 일관된 합리주의 기획은 주저인 "기하학적 질서로 증명된"『윤리학(*Ethica, Ordine Geometrico Demonstrata*)』(1678년)의 제목에서 뚜렷이 나타난다. 또 다른 주저로는『신학 정치론』(1670년)이 있다. 여기서 그는 성서를 인간이 만든 '텍스트'로 보고 성서의 의미 탐구가 자연의 진리 탐구와 동일한 방법으로 이루어져야 한다고 하면서, 근대적 성서 해석의 길을 연다. 데카르트가 무용한 논쟁을 피해 의도적으로 배제한 종교와 정치 문제를 스피노자는 정면으로 다루면서 격렬한 반발과 논쟁을 일으키게 된다.

스피노자의 이런 급진성은 과학 혁명의 시대였던 당시 시대 정신에서 자라났다. 신에 대한 불경스러운 의견을 이유로 24세에 유태인 공동체에서 파문당한 이후, 그는 당시로서는 첨단 직업이었던 렌즈 깎는 일을 했다. 당대 유럽의 일급 수학자로 망원경을 만들었던 요하네스 후데(Johannes Hudde, 1628~1704년)와 광학 문제를 논의하고 하위헌스나 라이프니츠가 지인을 통해 그의 작업 상황을 탐문할 만큼 명망도 있었던 것 같다.[1] 그 외에도 영국 왕립 협회 창립 회원이자 제1서기였던 헨리 올덴부르크(Henry Oldenburg, 1619~1677년)가 스피노자와 대화하고자 그의 집을 손수 방문했던 사실, 이 올덴부르크를 매개로 스피노자가 보일-샤를 법칙의 그 로버트 보일(Robert Boyle, 1627~1691년)과 황 성분 분석에 관한 서신을 여러 번에 걸쳐 주고받았다는 사실[2] 등은 그가 적어도 당대 최고 과학자들이 대화 상대자로 인정할 만한 자연 과학적 식견을 갖추고 있었음을 시사한다.

그러나 자연 과학사에서 그의 위치는 미미하다. 그의 독창적인 학문적 기여는 데카르트의 기계론을 신(『윤리학』 1부)이나 인간의 인식(2부), 인간 심리(3부), 윤리학(4, 5부), 성서 해석(『신학 정치론』), 정치체의 동학과 구조(『정치론(Tractatus Politicus)』)에까지 넓혀 적용했다는 데 있지, 자연 과학의 성립이나 발전 자체에 있지는 않았다. 무엇보다도 그는 이 분야에 대해 특별히 쓴 것이 없다.[3] 물론 『데카르트의 '철학의 원리(Principia Philosophiae Cartesianae)'』(1663년)라는 젊은 시절 출판된 한 저서에서 그는 비교적 상세하게 자연학을 다루며 데카르트와 구별되는 독자적 입장을 시사하기도 한다. 그러나 이 책은 데카르트의 자연학을 엄밀한 기하학적 방식으로 증명해 보인다는 의도로 쓰인 것이라 그의 것으로 소개하기는 어렵다.

그럼에도 그의 독창적인 자연 과학 사상을 담은 글이 없는 것은 아니다. 그의 주저 『윤리학』[4]에 삽입된 단 10개 남짓한 자연학 명제들(이하 '자연학 소론'으로 지칭)이 그것이다. 물론 이조차도 자연학 자체를 제시하기 위한 목적이 아니라 정신이 지복을 누리는 데 필요한 만큼으로 내용이 제한되어 있다. 게다가 하위헌스나 라이프니츠, 아이작 뉴턴(Isaac Newton, 1642~1727년)처럼 데카르트가 발견한 운동 법칙을 더 정확하게 다듬거나 개조한다는 야심을 담고 있지도 않다. 오히려 스피노자는 뉴턴으로 완성될 근대 자연학의 구도에서는 점차 사라지게 될 한 문제를 천착한다. 즉 어떤 물체를 '하나의' 물체로 만들어 주는 것은 무엇인가? 주목할 것은 여기서 스피노자가 각 사물의 고유한 질적 성격을 크기나 운동 등의 보편적인 기하학적 특성으로 환원하는 기계론적 구도 안에 머무르면서도, 그러니까 영혼이나 모나드(monad, 단자) 같은 정신적 실체를 도입하지 않으면서도, 보편적 운동 법칙 내에서 각 사물의 개별성을 부여하게 해 주는 원리를 찾고 있다는 점이다. 각 물체의 '실체성(substantiaity)'이 제거된 자리에 어떤 '개체성(individuality)'이 올 수 있는가? 이 개체론은 데카르트 자연학이나 스피노자 자신의 유일 실체론에 가려 있다 오히려 현대에 와서 빛을 본다고 할 만큼, 현재 가장 활발하게 조명되는 부분이기도 하다. 이 기계론적 개체론의 핵심 내용을 자연 철학사의 맥락과 더불어 살펴보도록 하자.

2. 정지해 있는 덩어리라는 물질의 이미지를 넘어

스피노자는 의지의 자유를 부정하고 인간이 자연의 일부로 필연적 자연 법칙을 따른다는 결정론으로 유명하다. 그런 만큼 심신 관계론이나 윤리학 분야에서 데카르트와 선명한 대립각을 세운다. 그러나 자연학에서만은 데카르트의 노선을 따랐다. 뒤에서 다시 보겠지만, 아리스토텔레스적 전통의 당대 자연학에 맞선 데카르트 자연학의 혁신은 다음 세 가지로 요약할 수 있다. 첫째, 형상-질료의 결합으로 이해되었던 물체를 길이, 넓이, 높이를 가진 3차원의 연장으로 환원하고, 물체의 성질을 크기, 형태, 배열, 운동 등의 기하학적 특성을 통해 설명한다. 둘째, 성장이나 퇴화, 변질과 같은 모든 변화를 입자들의 자리바꿈 운동으로 환원한다. 셋째, 정지와 마찬가지로 운동 역시 외부의 방해가 없는 한 지속된다는 관성 원리를 처음으로 정확하게 정식화하고, 이를 신에 의한 운동량 보존으로 뒷받침한다.

　스피노자는 대체로 이 세 요소를 받아들이지만, 결정적인 이견도 있었던 것 같다. 생애의 끝 무렵, 수학자이자 철학자인 에렌프리트 발터 폰 치른하우스(Ehrenfried Walther von Tschirnhaus, 1651~1708년)는 연장이 다양한 물체들로 분화되는 선험적 원리가 무엇이냐고 스피노자에게 묻는다. (편지 80) 이에 대해 스피노자는 자신의 답변은 미루면서 데카르트 자연학의 문제를 지적하는 것으로 만족한다. 즉 데카르트가 연장을 "정지 상태의 물질 덩어리"로 보며, 이로부터 물체들의 현존을 증명하는 것은 "단지 어려운 것이 아니라 완전히 불가능한 일"이고, 그래서 데카르트가 인정한 자연물들의 원리가 "부조리하지는 않더라도 무용하다."라고.[5] 데카르트는 운동이 정지를 향한다는 통념을 깨고 방해가 없는 한 지속된다고 보면서 누구보다 운동에 적극적 의미를 부여했다. 그러나 물질을 창조할 때 신이 별도로 운동과 정지를 넣어두었다고 말할 때, 데카르트 역시 우선 정지해 있는 물질을 떠올렸을 것이다. 실제로 데카르트는 물질이 처음 창조되었을 때 운동하고 있었을까, 정지해 있었을까 하는 헨리 모어(Henry More, 1614~1687년)의 질문(1649년 3월 5일)에 이렇게 답한다. "물질이 그 자신에 내맡겨져 있고 다른 어디에서 어떤 충격도 받지 않을 때 그것은 분명 정지해 있으리라 봅니다. 물질은 대신 신에 의해 촉발되어 신이 처음 물질에 넣어둔 것과 같은 양의 운동 혹은 이동을 보존합니다."[6] 물론 스피노자는 자기 자신의 답변은 제시하지 못한 채 죽음을 맞이한다. 그러나

　　　　　5장 운동과 정지, 빠름과 느림으로 이해된 개체

아마도 앞의 데카르트 비판에 스피노자 자연학의 결정적 열쇠가 담겨 있었던 것 같다.

　스피노자의 철학은 사실 개체론보다는 전체론(holism)으로 유명하지만 이 전체론을 정확하게 이해하려면 데카르트가 전제로 삼았던 것과 같은 미분화된 덩어리로서의 물질의 이미지에서 벗어나야 한다. 스피노자의 전체론은 더 정확히 말해 자연 전체에 단 하나의 실체만이 있고 그것이 신이라는 '실체 일원론(monism)'이다. 특별히 자연과학과 관련해 실체 일원론이 충격적이었던 이유는 물질 세계를 신과 동일시한다는 점 때문이었다. 흔히 생각하기에 신은 비물질적인 정신이며, 물질적 세계는 신에 의해 창조된 피조물이다. 반면 스피노자의 실체 일원론에 따르면 연장 역시 신적 속성이며, 더 정확히 말해 신과 동일하다. 데카르트는 물질에 신이 운동을 불어넣어 줌으로써 다양한 물체들이 생겨난다고 보았던 반면, 스피노자는 물질 세계는 그 어떤 정신적 존재의 도움도 필요 없이 자체적으로 다양한 사물들을 산출하는 것이라고 보았다. 더 정확히 말해 다양한 방식으로 다양한 사물들을 끊임없이 산출하는 자연 법칙 자체가 곧 물질 세계인 것이다. 스피노자가 미분화된 질료(matter)의 함축을 지닌 물질이라는 용어 대신 데카르트를 따라 '연장'이라는 용어를 사용할 뿐만 아니라, '연장'을 3차원의 기하학적 공간이라고도 정의한 적이 없다는 점은 이 점에서 볼 때 의미심장하다.[7] 대신 그는 운동과 정지를 연장된 실체(혹은 연장된 한에서의 신)가 직접적으로 표현되는 양태로 간주하고, 그것들 역시 '무한'하다고 규정한다.[8] 그리고 물체들은 연장된 실체의 특정한 표현이자 이 무한한 운동-정지의 특정 구역이 된다. 흔히 기체로서의 물체가 먼저 있고 그런 다음 이 물체의 속성이나 운동 양태가 있다고 생각한다면, 스피노자는 연장이나 운동 정지의 전체 법칙을 먼저 보고 개별 물체들은 이 법칙이 표현되는 특정한 양태로서 고려하기를 권유하는 셈이다. '전체론'이라는 명칭은 이런 각도에서 이해되어야 한다. 그렇다면 항구적인 자연 법칙하에서도 끊임없이 일어나는 분화와 운동의 한가운데서 물체들은 어떻게 상대적으로 안정적인 개체성을 유지할 수 있을까?

3.『윤리학』의 '자연학 소론'과 비실체적 개체론

자연학을 별도로 쓸 생각이 없었던 스피노자가 최소한으로라도 물체에 대해 몇 마디 쓴 이유는 인간 정신이 무엇을 할 수 있고 한 사람의 정신이 다른 사람의 정신에 비해 어떤 점에서 더 뛰어날 수 있는지를 가늠하기 위해서이다. 「인간 정신에 대하여」라는 제목의『윤리학』2부 안에 삽입된 10여 개의 자연학 명제들에서(정리 13의 주석 이하) 그는 정신이 무엇을 할 수 있는지 알기 위해 우선 신체가 무엇을 할 수 있는지 알아야 한다는 이유로 물체에 대해 다룬다.[9] 이미 여기서 우리는 스피노자가 인간 신체를 여느 물체와 다름 없이 취급할 뿐만 아니라, 물체 혹은 물질을 형상과 질료, 사유와 물질, 정신과 육체처럼 고대부터 이어져 온 이원론에서 벗어나 고찰하고 있음을 엿볼 수 있다. 이원론에 따를 때, 물질은 (정신의 분할 불가능성에 대비되는) 분할 가능성, (정신의 활동성에 대비되는) 수동성, (정신의 자율성에 대비되는) 의존성 등으로 규정되어 왔다. 그리고 이처럼 분할 가능한 물질에 통일성을 부여하는 것이 형상이나 정신이다. 반면 스피노자는 이미『윤리학』1부 및 2부의 앞선 논의에서 물질(더 정확히 말해 연장)을 사유와 마찬가지로 신적 속성이라고 절대화해, 그것이 무한하고 분할 불가능하다고 강조한 바 있다. 그렇다고 해서 그가 정신이 물질로 환원된다거나 물질에서 파생되었다고 보는 유물론의 입장을 취한 것도 아니다. 물질적인 것과 정신적인 것은 정확히 동일한 것이며 또 그러면서도 개념적으로 독립적인 원리에 따라 인식된다. 그렇다면 이제 눈여겨볼 것은 정신과 물질의 이원론을 벗어나 고찰할 때 물질은 어떤 식으로 자체적인 통일성을 갖게 되느냐이다.

자연학 소론은 크게 ⓐ 가장 단순한 물체에 대한 이론(공리 1, 2와 보조 정리 1, 2, 3, 따름 정리, 공리 1', 2'), ⓑ 합성된 물체 혹은 개체에 대한 이론(정의, 공리 3, 보조 정리 4, 5, 6, 7과 주석), ⓒ 인간 신체에 관한 이론(요청)으로 이루어져 있다.[10] 내용은 한 물체를 다른 물체와 구별시키는 '개체화'의 원리와, 인간 신체가 다른 물체와 만날 때 생겨나는 '신체 변화'의 원리, 둘로 나누어 볼 수 있다. 두 번째 부분(ⓐ의 공리 1', 2'와 ⓒ의 요청)은 이후에 전개될 지각 이론의 바탕이 되므로『윤리학』이해에서는 중요하지만, 이 글의 주제와는 거리가 있다. 그러므로 우리는 첫 번째 부분인 개체화 원리에 한정해 ⓐ와 ⓑ를 살펴볼 것이다. 그리고 ⓐ에서는 스피노자가 데카르트의 입장에서 아리스토텔레스 자연학을 해체하고 있고, ⓑ에서는 데카르트 자연학의 수정 보완을 꾀하고 있음을 알게 될 것이다.

가장 단순한 물체:
운동과 정지, 빠름과 느림의 상태로 구별되는 물체

자연학 소론은 다음 두 공리에서 시작한다.

공리 1: 모든 물체는 운동하고 있거나 정지해 있다.
공리 2: 각 물체는 때로는 더 느리게, 때로는 더 빠르게 운동한다.

'공리'의 정의 그대로, 이 공리들은 더 이상의 증명이 필요 없는 자명한 사실을 진술하고 있다. 이 공리들은 심지어 근대 과학 전체가 맞서 싸웠던 아리스토텔레스의 입장과도 비슷해 보인다. 『자연학』에서 아리스토텔레스는 (파르메니데스(Parmenides, 기원전 515~?년)처럼) 정지만이 있거나 (헤라클레이토스(Heracleitos, 기원전 540~480년)처럼) 운동만이 있다는 입장에 반대해, 우리가 일상에서 보는 대로, 모든 것이 "때로는 운동하고 때로는 정지해 있다."라고 주장한다.[11] "모든 물체는 운동하고 있거나 정지해 있다."라는 스피노자의 공리는 "때로는"이라는 한정어가 제거되었을 뿐 동일한 진술로 보인다. 그러나 "때로는"의 제거는 사소해 보이지만 큰 차이를 예비하고 있다.

우선 "모든 물체가 때로는 운동하고 때로는 정지해 있다."라는 아리스토텔레스의 주장은 한편으로는 변화하는 현상을 부정하는 파르메니데스와 같은 입장(모든 것이 '항상 정지해 있다.')을 비판하고, 다른 한편으로는 운동이 무한정 이어질 수 있다는 입장(모든 것이 '항상 운동하고 있다.')을 비판하고 있다. 우리 맥락에서 중요한 것은 후자인데, 왜냐하면 이는 근대 자연학의 초석인 관성의 원리와 정확히 반대되는 관점을 담고 있기 때문이다. 아리스토텔레스는 왜 운동이 무한정 지속될 수는 없다고 보았을까? 한편으로는 운동이 상반되는 두 극단 사이에서(가령, 병듦과 건강, 교양 없음과 교양 있음 사이에서) 일어나며, 끝(목적)에 다다르면 자연히 소멸된다고 보았기 때문이다. 그리고 운동에 목적이 있다는 것은 사물마다 고유한 운동이 있다는 것을 함축한다. 아리스토텔레스에 따르면 모든 사물은 '실체적 형상(substantial form)'과 '질료(matter)'로 이루어져 있고, 사물에 일어나는 변화(운동)는 기체가 되는 질료 안에 잠재되어 있던(혹은 결여되어 있던) 형상이 현실화되는 과정이다. 심지어 돌멩이의 낙하 운동조차 강제적인 외부 힘에 의해 고유한 장소를 벗어났다가 다시 고유한 장소를 찾아가는 과정이다. 운동에 대한 이런 관점은 우주관과도 연결되어 있다. 운동이 무한정 지속될 수 없다고 본 두 번째 이유는 아리스토텔레스를 비롯한 고대인들에게 우주는 한계가 있는 것이어야 했기 때문이다. 다시 말해 우주는 무한하거나 무한정할 수 없다. 그래서 한 물체의 운동만이 아니라 물체들의 인과 연쇄 역시 무한정 이어질 수 없다. 인과 연쇄에는 반드시 시초가 있고, 이 시초에는 자신은 다른 것의 원인이면서 그 자신은 원인을 갖지 않는 것, 즉 부동의 원동자로서의 신이 있다.

갈릴레오 갈릴레이(Galileo Galilei, 1564~1642년)와 더불어 데카르트가 공표한 관성의 원리에는 바로 이 목적론적 운동관 및 유한한 우주관 모두에 대한 반대가 함축되어 있다. 우선 데카르트에 따르면 운동은 외부의 방해가 없는 한 무한정 지속된다. 이는 "각각의 것은 자신에게 달려 있는 한 동일한 상태를 유지하며", "따라서 일단 움직여진 것은 항상 운동을 유지하고자 한다."(『철학의 원리』 2부, 37항)[12]는 자연의 제1법칙으로 정식화되며, 이후 뉴턴이 관성의 원리를 진술할 때 이 표현은 거의 그대로 사용될 것이다. 아리스토텔레스 이론과 비교할 때 이 정식이 갖는 가장 큰 차이는 우선 "상태(status)"라는 용어에서 드러나는 운동의 지위 변화이다. 아리스토텔레스에게서 운동(폭력적 운동이든 자연적 운동이든)은 하나의 '상태'가 아니라 하나의 상태에서 다른 상태로 넘어가는 '과정(processus)', 그것도 자신의 반대인 정지를 향해 소멸해 가는 과정에 불과하다. 따라서 운동은 그 자체로가 아니라 외적 원인의 도움이 있어야만 지속된다. 반대로 데카르트는 정지만이 아니라 운동에도 상태라는 말을 적용함으로써 운동 역시 외적 원인의 개입이 없는 한 무한정 지속됨을 긍정한다. 그러므로 각 사물에 고유한 운동이 있는 것이 아니며 관성의 원리와 같이 모두 동일한 법칙에 지배된다. 다른 한편, 데카르트가 '연장(extension)'이라 부른 물질 세계는 신처럼 '무한(infinite)'하다고 할 수는 없어도 어쨌든 '무한정(indefinite)'하기에 운동의 무한정한 지속도, 인과 작용의 무한정한 연쇄도 원리상 가능하다. 신은 물질을 움직이게 하는 운동의 촉발자이기는 하지만 부동의 원동자처럼 사물들의 인과 연쇄 안에 들어가 있지 않고 그것 전체를 초월해 있다.

스피노자는 바로 이런 데카르트의 입장을 따르고 있다. 모든 물체는 동일하게 운동과 정지의 양태를 띠며(공리 1), 서로 간에 오직 운동과 정지의 관계(ratio)에 따라서나 속도에 따라 구별될 뿐 실체적이거나 질적 차이를 갖지 않고(공리 2와 보조 정리 1), 이 운동과 정지의 연쇄는 무한정하게 나아간다. (보조 정리 3)

보조 정리 3: 운동하고 있거나 정지해 있는 물체는 다른 물체에 의해 운동하거나 정지하도록 규정되었어야 하며, 이 다른 물체 역시 다른 것에 의해 운동하거나 정지하도록 규정되었고, 이 후자 역시 또 다른 것에 의해 …… 이처럼 무한하게 나아간다.

따름 정리: 이로부터 운동하고 있는 물체는 다른 물체가 그것이 정지하도록 규정하지 않는 동안에는 운동한다는 점이 따라 나온다. 그리고 정지해 있는 물체 역시 다른 물체가 운동하도록 규정하지 않는 동안에는 정지 상태에 머무른다는 점이 따라 나온다. 이 또한 자명한 것이다. 왜냐하면 내가 운동하고 있는 다른 물체에 주의하지 않은 채 한 물체, 가령 A가 정지해(운동하고) 있다고 가정한다면, 나는 A 물체에 대하여 정지해(운동하고) 있다는 것 이외에는 아무것도 말할 수 없을 것이기 때문이다.

이제 남는 문제는 아리스토텔레스의 형상 개념을 제거할 때, 합성된 물체를 '하나'라고 말할 수 있게 하는 것, 곧 개별화의 원리가 무엇이냐이다. 데카르트가 말하는 물질적 실체가 물질 세계 전체를 가리키는지, 아니면 개별 물체를 가리키는지, 그가 말하는 연장이 물체들의 공통 속성을 가리키는지, 아니면 각 물체의 개별적 본질을 가리키는지는 분명하지 않다. 그는 물체들의 고유한 운동보다 공통 속성에 주목하면서, 한 물체를 '하나의' 물체로 만들어 주는 개별화의 원리에 대해서는 그다지 주의를 기울이지 않았던 것 같다. 다만 그는 물체들의 상호 정지 상태를 그들을 하나로 볼 수 있게 하는 통일성의 지표로 본다. 상호 정지라는 '접착제' 외에 물체들 간의 다른 응집의 원리는 존재하지 않는 것이다.

스피노자는 바로 이 점을 발전시켜 각 물체의 개별적 본질이 무엇인지를 더 구체적으로 밝히게 된다.[13] 실제로 방금 인용한 따름 정리는 데카르트가 말한 자연의 제1법칙, 곧 관성의 법칙에 다름 아니지만, 스피노자는 조금 뒤에 가서 지금까지 진술된 모든 것들이 "가장 단순한 물체들", 즉 "운동과 정지, 빠름과 느림에 의해서만 구별되는" 물체들에 대한 것이었다고 말한다. 데카르트의 1법칙이 모든 물체를 일률적으로 지배하는 보편 법칙일 뿐이라면, 스피노자의 따름 정리는 한 물체의 개별화 및 자기 보존의 원리로 기능하는 셈이다. 그러나 운동과 정지, 빠름과 느림에 의해서만 구분되는 "가장 단순한 물체들"의 개체성은 너무나 취약한데, 운동과 정지의 상태나 빠르기가 조금이라도 바뀌면 그것은 곧바로 해체될 것이기 때문이다. 그러므로 현실적으로 존재하는 것은 합성된 물체들뿐이며 가장 단순한 물체들이란 이 합성된 물체들의 이념적 부분으로 보아야 할 것이다. 개별화 원리의 구체적 면모도 합성된 물체를 다루는 부분에서 드러날 것이다.

합성된 물체: 부분들이 서로 간에
운동을 전달하는 비율로 정의되는 개체

가장 단순한 물체는 운동과 정지의 단 한 가지 상태(가령 특정한 빠르기)로 정의되며, 외적 방해가 없는 한 이 상태를 유지할 것이고, 다른 것에 부딪혀 빠르기가 바뀌거나 정지하면 이 물체는 더 이상 존재하지 않는다. 반면, 합성된 물체는 "부분들 간의 운동과 정지의 특정한 관계/비율(ratio)"에 의해 정의되며, 이 비율 역시 정확한 범위를 갖겠지만, 변화의 허용 폭이 훨씬 크다. 가령 이 비율이 3:6이었던 물체가 6:12가 되든, 120:240이 되든, 비율은 1:2로 동일하게 유지된다. 운동-정지의 비율은 정확한 양적 규정성을 가지면서도 변이를 허용하고, 개별적이면서도 보편으로 합성 가능한 개체성의 정식이 되는 것이다. 스피노자는 부분들이 다른 부분들로 대체되거나(보조 정리 4), 부분들의 크기가 변하거나(보조 정리 5), 운동 방향을 바꾼다 하더라도(보조 정리 6), 이 비율이 유지되기만 하면 개체의 동일한 '형상(forma)'이 보존된다고 말한다. 그런데 복합체의 경우에도 모두 같은 방식으로 합성되는 것은 아니다. 스피노자는 대략 세 가지 경우를 제시한다.

ⓐ 같거나 상이한 크기를 가진 일정 수의 물체들이 여타 물체들에 의해 그들 서로 간에 의지하도록 강제될 때, 또는 만일 ⓑ 같거나 ⓒ 상이한 빠르기의 정도로 운동하고 있다면, 일정하게 규정된 어떤 관계에 따라 자기 운동을 서로 간에 전달하도록 강제될 때, 우리는 이 물체들이 서로 합일되어 있다고, 그리고 이것들 모두가 단 하나의 물체 또는 개체로 합성되어, 물체

들 사이의 이러한 합일에 의해 여타 개체들과 구별된다고 말한다. (공리 1, 2 이후의 정의)

ⓐ의 사례로 벽돌들이 외적 압력에 떠밀려 서로 밀착된 경우를 생각해 볼 수 있다. 그리고 이 경우가 데카르트가 생각한 개체성의 전형적 모델이다. 그는 "하나의 물체 혹은 물질의 한 부분"이 갖는 통일성을 물체의 고유한 힘 같은 것이 아니라 물체들 간의 '상호 정지'를 통해 정의했다. 그런데 두 입자가 같은 속도로 이동할 경우에도 둘을 하나의 물체로 볼 수 있다. ⓑ가 그런 경우이다. 도로시라는 소녀가 판잣집과 함께 토네이도에 실려 마법의 대륙 오즈로 이동한다면, 도로시와 판잣집은 토네이도의 압력을 받아 형성된 하나의 물체로 볼 수 있다. ⓒ는 여기서 더 나아가 실질적으로 상호 운동하는 물체들 역시 하나의 물체로 볼 수 있다. 운동의 관계가 규칙적인 패턴을 유지하기만 한다면 말이다. 도로시는 이후 사자, 허수아비 등과 함께 여행을 하는데, 이들은 같은 속도로 걷지도 않고 일부는 잠깐 집단을 일탈하기도 하지만, 관계의 패턴이 그럭저럭 유지되는 한 동일한 개체를 이룬다. 그러므로 개체성을 정의하는 "운동과 정지의 특정한 비율"을 대략 부분들의 '일정한 소통의 패턴' 정도로 받아들이면 될 것이다. 이 경우들을 보다 일상적인 언어로 간단히 말해 보면, ⓐ처럼 입자들 간의 상호 정지를 통해 정의되는 물체가 '고체'이며, ⓒ처럼 상호 운동을 통해 정의되는 물체가 '유동체'이다. 단 완전한 상호 정지나 완전한 상호 운동으로 정의되는 물체란 있을 수 없다. 모든 물체가 어느

정도는 고체적 성격이 있어야 안정성을 가지며, 또 어느 정도는 유동체적 성격이 있어야 탄력성을 가지고 외부 충격을 흡수할 수 있다. 중요한 것은 개체성의 모델이 부분들의 상호 정지가 아니라 상호 운동이라는 점, 곧 고체보다는 유동체라는 점이다.

이처럼 상호 운동의 패턴으로 개체성을 이해하면 개체로 간주할 수 있는 수준은 무한하게 다양해진다. 돌멩이, 세균, 신체 기관, 신체, 나아가 가족, 동아리, 정치체, 국가 연합 등에 이르기까지 부분들이 얼마간 규칙적인 패턴에 따라 운동하기만 하면 그 모두는 하나의 개체가 되는 것이다.

이제 우리가 상이한 본성을 지닌 다수의 개체들로 합성된 다른 개체를 생각해 본다면, 우리는 이 개체가 자신의 본성을 보존하면서도 다수의 다른 방식으로 변용될 수 있음을 발견하게 된다. …… 나아가 이 두 번째 종류의 개체들로 합성되어 있는 세 번째 종류의 개체를 생각해 본다면, 우리는 이 개체가 자신의 형태를 변화시키지 않고서도 다른 많은 방식들로 변용될 수 있음을 발견한다. 그리고 만약 무한하게 계속해 나간다면, 우리는 자연 전체가 단 하나의 개체이며, 그 부분들, 곧 모든 물체들은 전체 개체의 변화 없이도 무한한 방식으로 변이한다는 것을 쉽게 알게 된다. (보조 정리 7 이하의 주석)

나는 관점에 따라 하나의 전체일 수도 다른 전체의 부분일 수도 있고, 내가 참여하는 전체는 여럿일 수 있다. 내 신체는 피부 거죽으로

덮인 신체 기관들의 유기적 집합만이 아니라, 내 신체와 이런저런 운동을 주고받는 '환경과의 관계를 통해' 여러 방식으로, 여러 수준에서 정의될 수 있다. 내가 청소하는 이 집이나 방, 이곳에 함께 거주하는 동거자, 일하고 휴식하는 패턴 등을 통해서 말이다. 따라서 환경은 단지 본질의 조건이 아니라 개체의 본질에 포함된다.

그런데 이렇게 보면 개체는 관점에 의존적이며 그야말로 실체가 없는 것 같기도 하다. 준거축을 무엇으로 잡느냐에 따라 하나의 구별되는 개체로 볼 수도 있고 다른 개체의 부분으로 볼 수도 있으며, 이 개체의 부분으로 볼 수도 있고 저 개체의 부분으로 볼 수도 있다. 한 편지(편지 32)에서 스피노자는 다소 바로크적 느낌의 사고 실험을 통해 이 점을 시사한다. 우리 혈액 속에 기생충이 한 마리 살고 있다고 가정해 보자. 이 벌레는 림프, 유미 등의 입자들이 서로 부딪치고 튕겨 나가는 등의 운동을 관찰한다. 벌레는 이 입자들 하나하나를 독립된 개체로 생각하는데, 이는 그가 '혈액 전체를 지배하는 법칙'을 알지 못하고, 그래서 이 입자들 각각에 대해 '구별되는 관념'을 형성하기 때문이다. 만일 이 벌레가 입자들의 운동이 실은 림프와 유미 등을 포함하는 '혈액의 본성'에 따르는 것임을 인식한다면, 이 혈액을 하나의 전체로, 그리고 림프나 유미 등은 그 부분으로 생각할 것이다. 그런데 혈액 바깥에는 혈액에 영향을 미치는 외적 원인들이 있기 때문에 혈액 역시 다른 전체의 부분으로 생각할 수 있다. 가령 우리는 혈액이 우리 신체 전체의 법칙에 따라 운동함을 알고 있으므로, 혈액을 개체가 아니라 우리 신체의 부분으로 생각한다. 그렇다면

5장 운동과 정지, 빠름과 느림으로 이해된 개체

궁극에는 자연 전체만이 실재하고 그 아래의 개체는 가상에 불과한 것일까? 자신이든 타인이든 무언가를 자연의 한 부분이 아니라 구별되는 개체로 보는 것은 무지의 소산일 뿐일까?

그렇다기보다 이 비유는 일종의 시선 이동에 대한 권유로 볼 수 있다. 모든 물체는 다른 것과 구별되는 개체로 간주될 수 있고 인과 역량도 갖는다. 다만 이는 그것이 오직 다른 것에 의해 규정되는 결과인 한에서만, 혹은 또다른 개체의 부분인 한에서만이다. 가령 림프나 유미는 혈액의 한 부분이지만, 상황에 따라 독자적 개체처럼 행동할 수 있다. 어떤 외적 원인의 영향으로 림프가 과다해지면, 림프는 혈액을 유지하던 운동-정지의 비율을 위협하게 되고, 이를 상쇄하는 다른 요인이 없는 한 혈액은 물론이고 신체 전체의 운동-정지 비율을 깨뜨릴 수 있다. 혈액의 한 부분이었던 림프가 이제 구별되는 개체처럼 행동하는 셈이다. 그러나 이 역시 외적 원인과의 결합에 의해 가능한 일이다. 마찬가지로 혈액이 동일성을 유지할 수 있었던 것 역시 입자들의 상호 관계를 지탱해 주었던 환경과의 합작 때문이다.

데카르트의 상대적 운동론에 이은 스피노자의 상대적 개체론은 개체를 궁극적 단위로 바라보거나 궁극적 단위가 무엇인지를 묻는 대신, 우리 자신을 비롯한 각 개체가 다른 개체와 더불어 어떤 법칙에 따르고 있는지, 그리고 우리를 구성하는 부분들이 함께 혹은 따로 어떤 법칙에 따르고 있는지 끊임없이 탐구하라는 요청으로 읽을 수 있다. 인간론의 한복판에 물체론을 삽입하면서 스피노자는 각 사물을 실체로 보는 자생적 인식 습관에서 벗어나 물체들에 적용되는 기계론을 인간 개체에까지 확장하도록 요청하고 있는 것이다.

4. 맺으며

운동보다 정지가 더 상상하기 쉽거니와, 근대 과학자들의 물질 개념에도 정지가 일차적이다. 어떤 능동적 행위자가 활력을 불어넣어 주어야 하는 정지된 덩어리(데카르트)나 빈 공간(뉴턴), 혹은 어떤 지적 행위자가 설계해 주었을 조화로운 체계(라이프니츠)처럼 말이다. 이는 형상과 질료, 사유와 연장, 정신과 신체처럼 고대부터 이어져 온 이원론에 입각한 것이기도 하다. 스피노자는 운동이 우위에 있는 물질관, 질료적 덩어리로 상상되기보다는 상호 운동의 관계로 이해되는 물질관을 제시한다. 이를 우리는 비(非)물질적 물질관이라 부를 수 있을 것이다. 물체 역시 마찬가지이다. 그는 물체를 '운동과 정지의 특정 비율'로 정의함으로써 물체(따라서 우리 신체)를 더 이상 물질 덩어리나 기관들의 집합체가 아니라, 특정한 행위 패턴, 그리고 다른 것들과의 상호 운동 패턴으로 이해할 것을 제안한다. 이는 무생물부터 인간, 국가나 단체에 이르기까지 넓게 적용될 수 있다. 이 물체 개념은 너무 느슨해 보이기도 하지만, 그만큼 확장 가능성이 높고 특히 기술적 환경이 인간의 정의에 개입되는 오늘의 포스트 휴먼 시대에 풍부한 함의를 드러내고 있다.

김은주(연세 대학교 철학과 교수)

6장

미적분학의 창시자가
상상한 물리 세계

라이프니츠의 『형이상학 논고』

Gottfried Wilhelm von Leibniz, 1646~1716

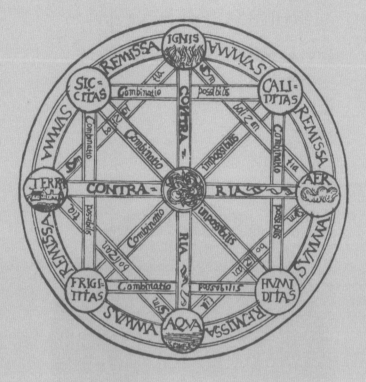

라이프니츠가 설명한 4대 원소의 관계를 나타낸 도표.

1. 라이프니츠의 삶, 미적분학의 창시자

라이프니츠는 독일 출생으로, 철학자, 수학자, 물리학자로 알려져 있다. 특히 철학자로서 잘 알려져 있는데, 기계론이 맹위를 떨치고 있던 17세기에 데카르트에 맞서 아리스토텔레스적인 사유를 펼친 철학자로 알려져 있다. 저서로는 『모나드론(*Monadologia*)』, 『변신론(*Essais de Theodicee*)』, 『형이상학 논고(*Discours de Metaphysique*)』 등이 유명하다.

라이프니츠의 과학적 업적을 평가하려면, 우선적으로는 미적분학을 떠올릴 수 있겠다. 특히 이 수학적 발견과 관련해 뉴턴과의 오랜 논쟁, 즉 누가 먼저 미적분학을 발명했는지에 대한 논쟁은 유명하다. 사실 라이프니츠는 자신의 미적분학을 공식화하기 바로 전 영국을 방문해 뉴턴의 수학적 저서를 직접 본 적이 있다. 이것이 뉴턴의 의심을 샀고, 누가 먼저 미적분학을 발명했는지의 논쟁을 불러일으킨 것이다. 논쟁이 오랫동안 지속되었지만, 최종 결론은 이 둘이 서로 독립적으로 미적분학을 발명했다는 것으로 났다. 뉴턴의 미적분학은 기하학적으로 서술된 반면, 라이프니츠의 그것은 대수적으로 서술되어 있기 때문이다.

이와 관련해 한 가지 흥미로운 점은 라이프니츠 철학의 해석사에서도 이런 일이 벌어졌다는 것이다. 라이프니츠는 오랫동안 헛소리꾼으로 오해받아 왔다. 도저히 이해할 수 없는 그의 주장, 그리고 여러 논문에 사방으로 흩어져 있는 그의 방대한 생각 등으로 인해, 라이프니츠는 그렇게 오해받아 왔다. 이에 대해, "라이프니츠의 철학은 고도로 체계화된, 그래서 어떤 공리로부터 정리들이 도출되는, 그러한 공리 체계"라는 주장을 펼친 사람들이 1900년대 초에 나타나 라이프니츠 붐을 일으켰는데, 이러한 주장을 서로 간의 영향 없이 독립적으로 펼친 두 철학자가 있으니, 영국의 버트런드 아서 윌리엄 러셀(Bertrand Arthur William Russell, 1872~1970년)과 프랑스의 루이 쿠튀라(Louis Couturat, 1868~1914년)가 그들이다. 러셀은 쿠튀라의 생각이 자신의 생각과 정확히 일치한다고 평가했다.

2. 라이프니츠의 역학(물리학)

라이프니츠의 과학적 업적을 평가하는 또 다른 방식도 있다. 바로 그의 역학이다. 이 글에서는 바로 라이프니츠의 역학에 초점을 맞추어 논의를 진행시키고자 한다. 이 주제는 미적분학보다 더 흥미로운 성격을 갖는데, 그 이유는, 이 주제가 단지 역학이라는 자연 과학적 사유를 넘어서, 라이프니츠 철학 핵심과 긴밀한 연결을 맺고 있기 때문이다.

라이프니츠는 데카르트로 대변되는 근대 과학에 맞서서, 고대 아리스토텔레스의 형상(form) 개념을 되살리고자 했다. 아리스토텔레스의 형상 개념은, 생명체가 그 모델이다. 하나의 개체, 예를 들어 하나의 도토리는 물질로 이루어져 있지만, 이 물질 말고도 자신의 형상을 가지고 있어, 이 형상에 내재된 삶의 방식을 가지고 살아나가게 된다. 그래서 도토리는 땅에 묻혀, 싹을 내고, 어린 나무가 되고, 궁극적으로는 커다란 나무가 되어, 다시 도토리 열매를 맺고, 결국에는 죽는다. 도토리의 이 모든 삶의 방식이 바로 형상이라는 것에 내재되어 있는 것이다. 이러한 형상의 역할은 도토리를 이루는 물질(도토리묵의 재료)을 안내하는(inform) 것이다.

이러한 생물학적 개념으로서의 형상은, 근대를 맞아 여러 기계론자의 비판을 받게 되었다. 데카르트의 경우를 살펴보면 좋을 것 같다. 데카르트는 정신적 실체와 물질적 실체, 이 둘을 인정한다. 정신적 실체란 우리 영혼으로서, 생각한다는 속성을 본질적으로 갖는다. 반면 물질적 실체는 우리가 물질이라 부르는 모든 것들로서, 연장이라는 속성을 본질적으로 갖는다. 데카르트는 원자론자들을 따라 이러한 연장을 크기, 모양, 위치만 갖는 것으로 생각했다. 더군다나 동물, 식물 등은 영혼 없는, 그저 물질 덩어리에 지나지 않은 것이라고 보았다. 내 앞에 있는 강아지는 모든 규정성, 예를 들어 하얀색, 귀여

움 같은 모든 규정성을 다 잃고, 그저 물질 덩어리로, 그저 기하학적 대상으로서만 인식되는 것이다.

라이프니츠는 이러한 탈색된 세계를 거부하며, 물질에 형상을 부여하고자 한다. 그리고 그러한 형상의 핵심은 바로 그것이 살아 있는 힘(*vis viva*)이라는 것이다. 이것은 지금의 시선으로 봤을 때, 조금 이상해 보인다. 라이프니츠는 돌멩이에도 살아 있는 힘이 있다고 생각하는 것인가? 이상하게도 라이프니츠는 그렇다고 생각한다. 라이프니츠는 이 세계에 존재하는 모든 것에 영혼을 부여하며, 심지어는 돌멩이에도 살아 있는 힘이 있다고 생각한다. 이것을 어떻게 이해할 수 있을까? 이제 라이프니츠의 역학을 간략히 살펴보면서, 이러한 철학적 주장에 대해 그가 제시하는 근거를 고찰해 보자.

3. 살아 있는 힘

역학에 대한 라이프니츠의 주장은 다음의 두 저작, 즉 『형이상학 논고』와 『동역학의 시범(*Specimen Dynamicum*)』에 주로 등장한다. 특히 라이프니츠는 『형이상학 논고』에서 간략히 자신의 입장을 정리하고 있는데, 그의 주장을 직접 들어보자.

17. 하위 원칙 또는 자연 법칙의 예. 여기서는 데카르트주의자 및 다른 많은 사람들에 반대하여, 신은 항상 규칙적으로 동일한 운동량이 아니라 동일한 힘을 보존한다는 사실이 제시된다.[1]

여기서 핵심은, 데카르트주의자들의 주장, 즉 동일한 운동량이 보존되는 것이 아니라, 라이프니츠 자신이 발견한 법칙, 즉 동일한 힘이 보존된다는 주장이다. 이제 운동량이 무엇이고, 힘이 무엇인지를 살펴보자. 운동량(f라고 하자.)은 질량(m이라고 하자.)과 속도(v라고 하자.)의 곱($f=mv$)이다. 이 공식에 나타나듯, 이것은 전형적인 기계론을 전제하고 있다. 기계론적 세계관에 따르면 이 세계는 연장을 가진 물질들만 존재하는데, 그 물질들은 크기, 모양, 위치 등의 기하학적 속성만 가지기 때문이다. 그래서 운동량 보존의 법칙은 크기에 따른 질량, 시간에 따른 위치 변화, 즉 속도, 이 둘 이외에는 아무것도 포함하지 않는 그러한 공식이다. 라이프니츠는 다음과 같이 말한다.

그러나 그 후에 나는 어디에 잘못이 있는지를 깨닫게 되었다. 그것은 데카르트와 다른 많은 노련한 수학자들이 운동하는 물체의 크기에 속도를 곱한 양인 운동량이 운동하는 힘과 전적으로 일치한다고, 또는 기하학적으로 표현하면 힘은 속도와 물체의 곱에 비례한다고 믿었다는 데 있다.[2]

라이프니츠는 운동량과 힘이 같다는 데카르트주의자에 반대한다. 그에 따르면, 이 둘은 다르다. 그렇다면 운동량과 힘은 어떻게 다른가? 라이프니츠는 다음과 같은 논증을 펼친다.

나는 또한 1파운드의 무게가 나가는 물체 A를 네 길의 높이 CD로 끌어올리기 위해서는 4파운드의 무게가 나가는 물체 B를 한 길의 높이 EF로 끌

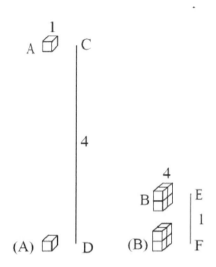

어 올리는 것과 동일한 힘을 필요로 한다고 가정한다.[3]

　라이프니츠는 여기서 무게 1이 나가는 물체가 높이 4에서 떨어질 때의 힘, 그리고 무게 4가 나가는 물체가 높이 1에서 떨어질 때의 힘, 이 두 힘이 같다고 주장한다. 이때 라이프니츠가 염두에 두고 있는 것은 왼쪽 사물이 갖는 힘(지금의 에너지), 그리고 오른쪽 사물이 갖는 힘이 같다는 것이다. 이것을 지금은 에너지 보존의 법칙이라고 부른 다. (힘을 E라고 하고, 질량을 m이라고 하면, 이러한 에너지 보존의 법칙은 다음과 같이 정식 화된다. $E=mv^2$.) 즉 힘이라는 것은 질량과 속도의 제곱, 이 둘의 곱이라 는 것이다. 이렇게 보면 앞의 그림에서 왼쪽 사물과 오른쪽 사물이 갖는 힘은 같다.

왜냐하면, 높이에 있어서는 4배의 차이가 나지만 높이 CD의 낙하를 통해 얻은 속도는 높이 EF의 낙하를 통해 얻은 속도의 2배가 된다는 것이 갈릴레오를 통하여 입증이 되었기 때문이다.[4]

갈릴레오가 증명한 것은 왼쪽 사물이 높이에 있어 오른쪽 사물보다 4배 높지만, 이 둘의 속도를 보자면, 속도$_1$이 속도$_2$보다 2배 빠르다는 것이다. (지금부터 아래 첨자 1은 왼쪽 사물의 특성을, 2는 오른쪽 사물의 특성을 가리킨다. 예를 들어 속도$_1$은 왼쪽 사물의 속도, 속도$_2$는 오른쪽 사물의 속도이다.) 즉 (속도$_1$=2·속도$_2$)이다. 이를 거꾸로 보면, 다음과 같다. (속도$_1$/2=속도$_2$) 그렇다면 다음의 결론이 나온다. 왼쪽과 오른쪽의 힘은 서로 같다. 왜냐하면, 왼쪽 사물의 힘은 E_1=(속도$_1$)^{2}이며, 오른쪽 사물의 힘은 E_2=4(속도$_1$/2)^2=4(속도$_1{}^2$/2^2)=4(속도$_1{}^2$/4)=(속도$_1$)^{2}이기 때문이다.

한편 왼쪽 사물과 오른쪽 사물의 운동량은 서로 다르다. 앞에서 보았듯이, 데카르트가 정식화한 운동량은 다음과 같다. $f=mv$. 이제 왼쪽 사물의 운동량은 다음과 같다. f_1=(속도$_1$) 한편 오른쪽 사물의 운동량은 다음과 같다. f_2=4(속도$_1$/2)=2(속도$_1$) 즉 왼쪽 사물의 운동량보다 오른쪽 사물의 운동량이 2배 더 크다. 따라서 라이프니츠는 운동량과 힘은 다르고, 또 진정으로 보존되는 것은 운동량이 아니라, 힘이라고 주장한다. 그러면서 그는 다음과 같은 결론을 낸다.

18. 힘과 운동량의 구별은, 우리가 물체의 현상들을 설명하기 위해서는 연장의 문제로부터 벗어나 있는 형이상학적인 문제를 고려하지 않으면

　　　　　　　　6장 미적분학의 창시자가 상상한 물리 세계

안 된다고 판단하기 위하여 무엇보다 중요하다.[5]

운동량은 크기에 따른 질량, 그리고 시간에 따른 위치 변화, 이 둘만을 포함한다는 의미에서 오직 연장에만 기반하고 있는, 완전히 기하학적인 기계론이다. 반면 라이프니츠는 'mv^2'로 표현되는, 그리고 자신이 힘이라고 부르는 것은 이러한 기계론을 피할 수 있다고 주장한다. 라이프니츠는 이 mv^2을 살아 있는 힘(vis viva)이라고 부르며, 진정으로 보존되는 것은 운동량이 아니라 힘이라고 주장한다.

그런데 이 힘은 크기, 형태 및 운동과는 다른 무엇이다. 그리고 우리는 이로부터, 근대의 철학자들이 우리를 납득시키려 하는 바와 달리, 물체의 개념이 의미하는 모든 것이 단지 연장과 그의 변형뿐인 것은 아니라는 사실을 추론할 수 있다. 따라서 우리도 또한 그들이 추방했던 어떤 본질 또는 형상들을 다시 도입하지 않을 수 없게 된다. 그리고 비록 모든 특수한 자연현상들이 그들을 이해하는 사람들에 의해 수학적으로나 기계론적으로 설명될 수 있다고 하더라도, 그럼에도 불구하고 점점 더 물체적 자연 및 심지어 기계학의 일반적 원리들은 기하학적이라기보다는 오히려 형이상학적이고, 물체적이거나 연장된 덩어리보다는 현상의 근거로서 오히려 어떤 형상 또는 분할 불가능한 본질에 속하는 것처럼 보인다.[6]

이렇게 라이프니츠는 살아 있는 힘과 운동량이 서로 다르며, 보존되는 것은 운동량이 아니라 힘임을 증명한다. 그리고 이러한 살아 있는 힘은 데카르트적인 기하학적인 방식이 아니라 오히려 형이상학적인 것으로 이해한다. 즉 라이프니츠는 이러한 힘을 아리스토텔레스적 형상과 동일시한다. 그렇게 함으로써 근대 기계론에서 배제된 아리스토텔레스적 형상이 새롭게 도입되는 것이다.

4. 살아 있는 힘, 형상, 영혼, 모나드

앞에서 살펴본 것처럼 아리스토텔레스적 형상이란 생물학적 모델에 기반한 개념이다. 도토리의 형상은 도토리가 가지는 물질을 안내해 도토리로 하여금 자신의 삶을 특정 방식으로 이끌도록 하는 원리이다. 따라서 라이프니츠가 새로이 발견한 살아 있는 힘이란, 기존의 기계론적 세계관, 즉 기하학적 물리학 모델을 버리고, 새롭게 생물학적 모델을 도입하는 계기가 된다. 이러한 발견에 기반해 라이프니츠는 돌멩이도 형상을 가진다는, 영혼을 가진다는 주장을 하게 되는 것이다. 그런데 라이프니츠는 여기서 그치지 않고, 한 발 더 나아간다. 힘, 즉 형상을 도입함으로써 라이프니츠는 돌멩이도 힘, 또는 형상을 가진다는 주장으로 나아갔지만, 이렇게 도입된 형상의 존재론적 지위를 한층 더 강화해, 아예 이 세계는 오직 이러한 형상들만으로 이루어져 있다는 주장으로 나아가는 것이다.

라이프니츠에 따르면, 이 세계는 온통 살아 있는 영혼으로 채워져 있다. 라이프니츠는 자신의 삶 말기에 이러한 살아 있는 영혼을 '모나드(monad)'라고 부르게 된다. 이 세계의 가장 기초적인 단위를 이루는 것들은 영혼으로서의 모나드들이다. 그리고 이 모나드들이 모이면, 우리의 혼란한 정신은 그것을 물질로 이해하는 것이다. 신의 안경을 끼면, 모나드들 하나하나가 보인다. 그러나 신의 안경을 벗으면, 우리의 시력은 매우 흐릿해져서, 모나드 하나하나가 보이는 것이 아니라, 모나드들의 덩어리, 매우 뭉뚱그려진 덩어리로서의 물질들만 보이는 것이다.

　라이프니츠의 이러한 주장은 받아들여지기 어려워 보인다. 돌멩이가 영혼을 가지고 있다든지, 이 세상의 모든 물질은 영혼들의 집적체라든지 하는 주장을 쉽게 납득할 수 없을 것이다. 그러나 다음과 같은 사정을 고려해야만 한다. 라이프니츠는 우리와는 매우 다른 철학적 기후 안에서 자신의 철학을 전개하고 있다는 점. 라이프니츠의 시대는 신의 시대였다. 데카르트, 스피노자의 철학도 신을 중심으로 이루어지며, 논증 곳곳에 신이 등장한다. 이러한 사정을 이해한다면, 그래서 라이프니츠 시대의 사상적 기후를 이해한다면, 라이프니츠의 주장이, 왜 이런 식으로 전개되는지 이해할 수 있게 된다. 라이프니츠는 신의 시선에 초점을 맞춘다. 우리가 이 세계를 바라보는 것이 아니라, 신이 이 세계를 바라본다면, 이 세상은 어떤 모습일까? 신이 완전한 존재라면, 그는 세계를 어떤 식으로 만들었을까? 이것이 라이프니츠의 철학하는 방식이다. 그는 다음과 같이 말한다.

　나는 인간에 대하여 나쁘게 판단하고 싶지 않기 때문에, 물리학으로부터 목적인을 추방하려 애쓰는 근대 철학자들을 비난하지 않는다. 그러나 그럼에도 불구하고, 무엇보다도 내가 이 논고의 서두에서 배격하였고, 마치 신이 행동할 때 어떠한 목적과 선도 설정하지 않는 듯이 또는 마치 선이 그의 의지의 대상이 아니기라도 한 것처럼 목적인을 전적으로 제거하는 데에 이르게 되는 견해들과 그들을 결합시킬 때, 이들 견해의 결과들이 나에게는 위험해 보인다는 사실을 인정하지 않을 수 없다. 나는 반대로, 신은 항상 최선의 것과 가장 완전한 것을 목적으로 삼기 때문에, 우리가 그곳에서 모든 존재들과 자연 법칙의 원리를 찾아야 한다고 생각한다.[7]

이렇게 신의 시선으로 본다면, 세계는 그의 선함에 근거해 목적인/형상이 내재화된 그러한 곳이어야 한다는 것이 라이프니츠의 생각이다. 살아 있는 힘, 형상이 배제된 데카르트적 세계는 신의 선함에 반하는 것이다.

이런 식으로 라이프니츠적 세계는 생물학적 모습을 띠게 된다. 가장 기본적인 단위에는 오직 영혼으로서의 모나드들밖에는 없다. 물질은 모나드들의 집적체로서, 우리의 흐릿한 눈이 제대로 알아보지 못하는 것이다. 역학에서 얻어낸 살아 있는 힘에 대한 자신의 발견은 이렇게 라이프니츠의 형이상학으로 이어진다.

5. 라이프니츠 철학 발전사

그러나 이 세계가 오직 영혼으로서의 모나드들의 총체라는 결론으로 가는 과정에서 라이프니츠는 그래도 물질이라는 것이 따로 존재하는 것은 아닌가 하는 의심들을 계속 제기하게 된다. 즉 라이프니츠는 오직 영혼, 오직 모나드들만 존재한다는 일원론적 입장으로 가는 과정에서, (영혼+물질)이라는 이원론적 입장을 계속 검토한다는 것이다.

이를 밝히기 위해 아리스토텔레스의 상식적인 생각에서부터 출발하는 것이 좋을 것 같다. 아리스토텔레스는 생명체에 많은 관심을 가졌다. 이러한 것이 그의 형이상학에 반영되어 그는, 철수, 영희, 하나의 물고기, 하나의 참나무 등등을 실체로 생각했다. 이것들은 하나의 것이라고 간주된다. 철수를 반으로 나누면, 토막 시체가 된다. 그래서 나눌 수 없다. 하지만 철수가 손톱을 깎으면, 철수는 남고, 손톱은 떨어져 나간다. 이 경우, 손톱은 다른 계, 즉 물, 불, 공기, 흙이라는 물질계로 넘어가게 된다. 이것들 역시 자연의 진정한 원소들이다. 생명체(영혼+물질)와 물질, 이 두 계를 인정하는 철학은 세계에 대한 매우 상식적인 그림이다. 그런데 라이프니츠는 이러한 상식적 생각과는 다른 생각을 하는 것으로 보인다. 그래서 의문들이 생겨난다.

철수는 생명체로서, 하나의 물체적 실체이다. 여기까지는 아무 문제가 없다. 그런데 라이프니츠는 철수의 부분들도 궁극적으로 물체적 실체라고 주장한다.

자연 기계(생명체)는 그것의 가장 작은 부분들까지도 기계(생명체)이기 때문에 파괴 불가능하다. 작은 기계가 더 큰 기계에 무한하게 계속해서 포함되어 있기 때문이다.[8]

예를 들어, 철수의 뇌 세포는 철수의 부분인데, 그것은 하나의 세포로서 생명체이다. 같은 논리로 철수의 손톱도 하나의 물체적 실체이다. 이제 철수가 손톱을 깎으면, 그 잘려 나간 손톱은 어떤 존재론적 지위를 갖는가? 만약 손톱이 하나의 물체적 실체라면, 원래의 철수는 하나인가, 여럿인가? 생명계와 물질계를 구분하면 쉽게 설명될 문제지만, 생명체의 부분 역시 생명으로 본다면 자연스럽게 이러한 의문이 생긴다.

철수와는 달리 핸드폰은 집적체이다. 라이프니츠는 이 둘을 다음과 같이 구분한다.

생명체의 모든 유기적 신체는 일종의 신적인 기계, 혹은 인공적 자동 기계를 무한하게 능가하는 자연적 자동 기계이다. 왜냐하면 **인간의 기술에 의해서 만들어진 기계**는 그것의 각 부분에서는 기계가 아니기 때문이다.[9]

라이프니츠의 주장에 따르면, 철수는 생명체로서 물체적 실체다. 그러나 핸드폰 배터리는 물질일 뿐이다. 그런데 라이프니츠의 다른 주장을 보면, 핸드폰의 부분, 예를 들어 배터리도 생명체로 보인다.

사실 저는 오히려 모든 것은 영혼 있는 물체로 가득 차 있다고 믿습니다. …… 영혼의 수 혹은 적어도 형상의 수는 전적으로 무한하게 많습니다. 그리고 물질은 끝없이 분할 가능하기 때문에, 물질에서 너무 작아서 거기에 영혼 있는 물체나 적어도 근원적 엔텔레키를 부여받은 물체가 없는 부분, 혹은 (일반적으로 생명이라는 이름을 사용하는 것을 당신이 허락한다면) 생명의 원리가 없는 부분, 즉 완전히 일반적으로 살아 있다고 말할 수 있는 물체적 실체가 없는 부분은 결코 지정될 수 없습니다.[10]

핸드폰의 부분은 생명체인가, 아니면 물질일 뿐인가? 이전의 인용문에서는 생명체가 아닌 것으로 묘사되었다. 하지만 앞의 인용문을 보자면, 핸드폰이든 핸드폰의 부분이든, 아니면 그 부분의 부분이든, 이 모든 것들이 영혼 있는 물체, 즉 생명체라고 이해되고 있다.

그래서 라이프니츠가 물질의 존재론적 위상에 대해 오락가락하는 것은 아닌지 하는 의문이 생긴다. 앙투안 아르노(Antoine Arnauld, 1612~1694년)의 경우 대리석은 물질일 뿐이며, 실체적 형상(라이프니츠 용어법으로 영혼)은 없는 것이다. 이것은 자연스러운 생각이다. 대리석이 영혼을 가진다고 보기에는 어렵다. 반면 라이프니츠는 실체적 형상을 자신의 존재론에 넣고 싶어 한다. 그래서 다음과 같이 말한다.

만약 물체가 하나의 실체라면, 따라서 무지개와 같은 단순한 현상이 아니라면, 물체는 연장에 근거할 수 없으며, 거기에서 우리는 필연적으로 우리가 실체적 형상이라고 부르는, 그리고 우리가 영혼이라고 부르는 것에 대응하는 그 어떤 것을 인정해야 할 것이다.[11]

그런데 대리석이 실체적 형상, 영혼이라고 불리는 것을 갖는다면, 그것은 당연히 생명체일 것이며, 핸드폰도 마찬가지일 것이다. 이것은 상식에 반하며, 아르노도 이를 이해할 수 없다고 주장한다. 이때, 라이프니츠는 생각을 바꾼다. 나중에 그는 아르노에게 다음과 같이 말한다.

저는 진정한 단일성을 갖지 않는 사물들 안에 실체성이 전혀 없다고, 오직 가상적인 것만 있다고 말하는 것이 아닙니다. 왜냐하면, 저는 다음에 대해 동의하기 때문입니다. 즉 그러한 사물들은 자신들을 구성하는 진정한 단일성(영혼)이 있는 만큼의 실재성 혹은 실체성을 갖는다.[12]

상식적으로 핸드폰은 물질이다. (아르노도 동의) 그런데 라이프니츠는 이 물질을 물질적 실체라고 부르면서, 처음에는 핸드폰도 철수처럼 영혼을 갖기 때문에 실체(영혼+물질)라고 주장했다. 그런데 아르노의 비판을 듣고는 그렇게 말하기 어려워졌다. 그래서 라이프니츠는 말을 바꾸게 된다. 그래서 핸드폰은 철수처럼 영혼을 갖기 때문이 아니라, 영혼들로 이루어졌기 때문에 실체(생명체)라고 말을 바꾼다. 어떤 것이 라이프니츠의 진짜 생각일까?

하지만 진짜 문제는 어떤 것이 라이프니츠의 진짜 생각인가 하는 것보다는, 이 두 선택지 모두 받아들이기 어렵다는 점에 있다. 핸드폰과 철수가 같은 존재론적 위상을 가진다는 것(둘 다, 영혼+물질), 그리고 핸드폰이 영혼들로 이루어졌다는 것, 이 둘 모두 받아들이기 어렵다. 핸드폰과 철수의 존재론적 위상은 분명 다르다. 또 핸드폰이 영혼들로 이루어졌다는 주장도 이해하기 어렵다. 라이프니츠의 주장을 어떻게 읽어야 하는가?

　필자는 이러한 혼동이 아리스토텔레스의 상식적 생각, 즉 생명계 (영혼+물질)와 물질계, 이 둘을 동시에 인정하는 입장을 라이프니츠가 벗어나려 했기 때문에 발생했다고 생각한다. 세 가지 선택지가 있다. 오직 물질만을 인정하는 유물론, 영혼/물질, 이 둘 모두를 인정하는 아리스토텔레스적 체계, 오직 영혼만 인정하는 라이프니츠의 입장. 라이프니츠는 데카르트의 기계론에 대한 회의에서 시작해, 유물론을 벗어나려다가, 오직 영혼만 허용하는 비상식적 입장에 도달한 것이 아닌가 생각된다. 어쨌든 이러한 복잡한 과정을 거쳐 라이프니츠는 모나드들만, 영혼들만 존재한다고 하는 자신의 최종 결론에 도달하고 있다. 물론 앞에서 말했듯이, 다음과 같은 사항은 항상 고려되어야 한다. 우리의 상식에 반하는 이러한 결론은, 라이프니츠가 철학을 했던 그 시대의 사상적 기후 안에서 이해되어야만, 우리로 하여금 어느 정도 안도감을 가지고 라이프니츠의 철학을 평가하게 해 줄 것이라는 점 말이다.

박제철(서울 시립 대학교 의사 소통 센터 교수)

4부

종교를 의심하고 물리 법칙의 뿌리를 들여다보다

7장

불확실성 시대의 서곡: 우연과 진화로서의 세계

흄의 『자연 종교에 관한 대화』

David Hume, 1711~1776

DIALOGUES

CONCERNING

NATURAL RELIGION.

BY

DAVID HUME, Esq.

THE SECOND EDITION.

LONDON:
M.DCC.LXXIX.

흄의 『자연 종교에 관한 대화』.

1. 흄의 삶과 사상 세계

데이비드 흄은 계몽주의 시대에 살았던 스코틀랜드 출신의 철학자로서 영어권에서 배출한 최고의 철학자로 평가받는다. 17~18세기 유럽은 '천재들의 시대'라고 불릴 만큼 다방면에 조예가 깊은 탁월한 지식인들이 활동하던 시기인데 흄 역시 철학뿐 아니라 역사, 정치, 경제학에도 조예가 깊었다.[1] 흄은 수학과 논리학 이외의 모든 지식은 지각 경험에 근거해야 한다고 주장했던 경험론자로서 로크, 버클리 등과 함께 근대 경험론의 대표적 철학자로 꼽힌다. 흄의 경험론은 칸트가 근대 이성주의(rationalism)와 경험론을 종합하는 데 많은 영향을 미쳤으며 칸트는 흄이 자신을 이성주의의 "독단의 잠"에서 깨웠다는 유명한 말을 남겼다.[2] 흄은 경험주의 윤리학의 발전에도 큰 기여를 했는데 그는 도덕적 판단의 근거를 감정이나 욕구로 보는 정서주의 도덕 이론(moral sentimentalism)과 공리주의 윤리학의 발전에 큰 영향을 미쳤다. (『도덕의 원리에 관하여(*An Enquiry Concerning the Principle of Morals*)』 (1751년) 참조) 흄의 첫 철학적 저서 『인간 본성에 대한 논고(*A Treatise of Human Nature*)』(1739~1740년)의 제목에서 볼 수 있듯 흄의 철학적 최대 관심은 인간 본성(human nature)이었다. 그는 인간의 자연적 본성을 실증적 방법으로 탐구함으로써 뉴턴이 물리학에서 이루었던 성과를 인간 본성에 관한 연구에서 이루고자 하였다. 흄의 인간 본성에 관한 관심은 그의 인식론, 존재론, 윤리학, 경제학, 종교 철학 등 그의 모든 연구에 지대한 영향을 미쳤다. 흄은 미신과 종교적 광신을 온갖 사회적 폐단의 원인으로 보았으며 이런 생각은 그의 여러 저서에 잘 드러나 있다. (『자연 종교에 관한 대화(*Dialogues Concerning Natural Religion*)』(1779년), 「기적에 관하여(On Miracles)」[3] 참조)

2. 흄의 『자연 종교에 관한 대화』에 관해

흄의 『자연 종교에 관한 대화(*Dialogues Concerning Natural Religion*)』 (1779년)는 그의 철학적 목표와 방법론이 고스란히 드러나 있는 흄 철학의 종결자라고 할 수 있다. 흄의 가장 중요한 철학적 목표는 진리와 사이비 진리를 구별해 내는 것이었다. 때론 선을 악보다 위선으로부터 구별해 내는 것이 더 어렵고 중요하듯 흄은 자신의 철학적 임무를 거짓임에도 불구하고 진리인 양 추앙되어 온 온갖 편견, 미신의 밑바닥을 드러내는 데 있다고 보았다. 편견이나 미신은 거짓임에도 불구하고 대중적 호소력이 매우 강한 믿음이나 생각을 의미한다. 편견과 미신이 갖는 대중적 호소력은 관습과 전통, 인간의 본능, 그리고 이를 악용하는 권력 등에 기인한다. 흄은 철학의 임무를 바로 이런 사이비 진리의 민낯을 드러내는 것이라고 보았다. 진리를 명백한 거짓으로부터 구별해 내는 것은 과학자나 수학자가 충분히 잘할 수 있는 일이지만 불명확한 언어로 교묘히 포장된 사이비 진리의 민낯을 드러내는 것은 철학자가 가장 잘할 수 있는 일이라고 여겼던 것이다.

편견과 미신의 민낯을 드러내는 일은 어느 시대, 어느 장소를 막론하고 어려운 일이지만 만일 그 주제가 기독교 유신론이고 시대와 장소가 18세기 유럽이라면 그 어려움은 우리가 상상하는 것 이상이었을 것이다. 이를 반증이라도 하듯 흄은 장장 25년이라는 긴 세월에 걸쳐 『자연 종교에 관한 대화』를 집필했고 초고를 모두 불태웠으며 다시 쓴 완성본을 조카에게 "내가 죽은 지 3년이 지난 후에 출판하라."라는 유언과 함께 남긴다.[4] 흄 자신이 "내가 쓴 책 중 가장 잘된 수작"이라고 평했던 이 책은 형식과 방법론, 그리고 내용 면에서 모두 놀라운 수작이라고 할 수 있다.

우선 형식 면에서 이 책은 가상의 토론자 3명이 등장해서 자연 종교라는 주제에 관해 토론하는 형식을 띠고 있다. 흄은 「서문」에서 유신론이라는 가장 명백하게 진리인 듯 보이면서도 가장 모호하고 불확실한 주제를 효율적으로 다루기 위해서는 다양한 입장을 여러 사람의 관점에서 토론하는 대화체 형식이 가장 적절하다고 말한다. 이는 흄과 대척점에 서 있는 데카르트의 『성찰(*Meditations*)』이 철저히 1

인칭 시점에서 쓰어졌다는 점에서 의미심장하다. 방법론적인 측면에서『자연 종교에 관한 대화』는 로크로부터 시작된 근대 경험론의 완성을 보여 준다. 흄은 이 책에서 관념적 사유에 의존하는 선험적 방법보다는 경험적 관찰에 의존하는 후험적 방법에 호소해서 유신론의 타당성을 검토한다. 특히 흄은 현대 과학에서 사용하는 다양한 과학적 추론 방법을 사용해 유신론의 타당성을 검증한다. 따라서 흄의 종교 철학은 단순히 종교 철학에서 그치는 것이 아니라 흄의 인식론과 존재론에 막대한 영향을 미친 흄 철학의 출발점이자 종착역이라고 할 수 있다.

마지막으로 내용적인 면에 있어서 흄의『자연 종교에 관한 대화』는 서양 철학뿐 아니라 서양 문명 전체의 패러다임을 변화시킨 파격적인 생각을 담고 있다. 고대로부터 흄 시대까지 서양 철학과 문명의 근간을 이루는 사상은 유신론에 기초한 관념론적 세계관이었다. 흄은 바로 이런 유신론적/관념론적 패러다임이 사실은 어떤 정당한 근거에도 기초하지 않은 이념적 공중누각임을 드러내고자 한다. 그러나 흄이『자연 종교에 관한 대화』에서 목표했던 것은 단지 기존의 패러다임을 무너뜨리는 것만이 아니라 새로운 패러다임을 정초하는 것이기도 했다. 이 새로운 패러다임은 찰스 로버트 다윈(Charles Robert Darwin, 1809~1882년)의 진화론의 모체가 되는 생각들을 담고 있으며 실제로 다윈은 흄이 자신의 진화론에 지대한 영향을 미쳤음을 인정한 바 있다.[5] 그 밖에도 흄은 인간의 이성조차 물질로부터 나왔다고 주장함으로써 인간의 정신을 물리론적 또는 자연주의적 관점에서 연구할 수 있는 바탕을 마련해 주었다. 이런 이유로 흄은 칸트와 함께 현대 인지 과학의 발전에 가장 큰 영향을 미친 철학자로 인정받는다. 그뿐 아니라 대폭발 이론과 비슷한 물질론적 우주론까지 제시함으로써 스티븐 윌리엄 호킹(Stephen William Hawking, 1942~2018년)보다 200년을 앞서서 유신론적 패러다임을 물질론적 패러다임으로 대체할 방법을 모색한다.[6] 최근에는 상대성 이론에 흄의 경험론적 인식론이 큰 영향을 미쳤다는 알베르트 아인슈타인(Albert Einstein, 1879~1955년)의 서한이 발견되어 큰 화제가 되기도 했다.[7] 말할 것도 없이 흄은 현대 철학의 발전에도 지대한 영향을 미쳤다. 우선 현대 철학에 가장 큰 영향을 미친 또 다른 철학자 칸트의 철학에 큰 영향을 미쳤으며 과학과 철학의 본격적인 융합을 시도했던 논리 실증주의의 탄생에 결정적 영향을 미쳤다. 그리고 이들 모두가 사변적 형이상학을 반대했다는 점을 생각해 볼 때 흄의 『자연 종교에 관한 대화』는 서양 철학과 과학의 패러다임을 변화시키는 데 큰 공헌을 했다고 할 수 있다. 흄으로 인해 서양 철학과 과학은 절대적 관념의 필연적 법칙이 지배하는 닫힌 세계관에서 우연적 법칙과 진화가 지배하는 열린 세계관으로 변화했던 것이다.

3. 자연 종교와 유신론적 패러다임에 대한 비판

『자연 종교에 관한 대화』의 주제인 자연 종교(natural religion)는 유신론적 믿음을 계시(revelation)와 같은 초자연적 방법이 아닌 관찰과 추론 같은 인간이 타고난 자연적 방법을 통해 정당화시킬 수 있다고 주장하는 종교 철학적 입장이다. '자연 신학'이라고도 불리는 이 입장은 인간의 이성을 자연의 빛에 비유했던 계몽주의 시대 유럽에서 가장 활발하게 논의되었다. 그러나 그 유래는 고대 그리스 철학으로 거슬러 올라가며, 특히 플라톤과 아리스토텔레스는 자연 신학의 정초를 마련했다고 평가된다. 이를테면 플라톤은 동굴의 우화에서 선(善)의 이데아를 모든 존재와 진리의 근원이며 지식의 목표라고 정의하는데 이는 기독교의 신 개념과 매우 비슷하다.[8] 아리스토텔레스는 선의 이데아를 좀 더 인격화시킨 부동의 동자(unmoved mover)라는 개념을 들여오는데 부동의 동자는 기독교의 신 개념과 매우 비슷하다. 중세 철학자 안셀무스(Anselm, 1033~1109년)는 존재론적 신 존재 증명을 통해 완벽함이란 개념은 존재라는 개념을 포함한다고 주장한다.[9] 중세 철학의 대부 토마스 아퀴나스(Thomas Aquinas, 1225~1274년)는 우주의 존재론적 원천과 사물의 운동, 물질 세계의 질서와 조화를 설명하기 위해 다섯 가지 신 존재 증명을 시도한다.[10]

방법론적 회의를 통해 중세와의 단절을 꾀했던 근대 철학의 아버지 데카르트조차도 회의주의를 극복하고 지식의 가능성을 증명하기 위해서 신 존재 증명을 시도한다. 데카르트뿐 아니라 로크, 라이프니츠, 버클리 등 흄 이전의 철학자 대부분은 신의 존재를 이성적 방법으로 증명할 수 있다고 믿었던 유신론적 철학자들이었다. 이렇게 봤을 때 자연 종교는 서양 철학뿐 아니라 서양 문명의 가장 중요한 지지 기반이었다고 해도 과언이 아니다. 신은 물질 세계를 비롯한 모든 존재의 궁극적 원인이며 모든 학문과 예술, 도덕, 그리고 인생의 의미를 결정해 주는 절대적 존재였기에 신에 관한 믿음은 단순한 신념에서 그쳐서는 안 되고 지식으로 승격되어야 했던 것이다.

흄의『자연 종교에 관한 대화』가 파격적인 이유는 바로 당시 이렇게 중요한 역할을 해 왔던 자연 종교를 부정했기 때문이다. 흄은 신에 관한 어떠한 믿음도 정당화될 수 없으며 따라서 신에 관한 믿음은 지식이 될 수 없다고 주장한다. 그러나 만일 신에 관한 믿음이 지식이 될 수 없다면 유신론적 패러다임은 더 이상 서양 철학과 문명의 지지 기반으로 작동할 수 없게 된다. 이를테면 물질 세계의 원형이 비물질적 관념 세계라는 관념론적 존재론, 지식은 감각으로부터 독립된 순수 이성 작용에 기초해야 한다는 이성주의 인식론, 정신의 본질은 비물질적이라는 심신 이원론, 도덕 법칙은 감정과 분리된 이성의 판단에 기초해야 한다는 이성주의 윤리학 등은 모두 유신론적 패러다임에 기초한다고 할 수 있다. 따라서 자연 종교를 부정한다는 것은 이런 모든 사상적 조류를 의심함을 의미했다.

이런 점에서 흄은 코페르니쿠스, 갈릴레오, 데카르트 등으로부터 시작된 서양 근대의 회의주의적 탐구 정신을 가장 철저히 계승한 진정한 근대 철학자라고 할 수 있다. 고대의 회의주의자 섹스투스 엠피리쿠스(Sextus Empiricus, 기원전 2세기)는 회의주의를 "불분명한 주제에 관해 경솔한 긍정이나 부정을 삼가고 계속 탐구하고자 하는 입장"으로 정의한다. 이 말은 회의주의의 핵심은 실증적 또는 과학적 탐구 정신에 있음을 보여 준다. 실증적 증거를 무시한 채 관념적 이성에만 호소한다면 믿음은 훨씬 안정적으로 오랫동안 지탱될 수 있다. 그러나 실증적 증거를 믿음 체계보다 더 중시하는 회의주의자는 어떤 믿음 체계도 이상 현상(anomaly)이 심해지면 전복될 수 있다고 본다.[11] 흄이 봤을 때 18세기 유럽에서의 유신론은 이상 현상이 정상 범위를 벗어난 경우였다. 2,000년 동안 서양 문명을 지탱해 왔던 유신론적 패러다임은 사실상 사상누각이었던 것이다.

4. 신의 본성과 설계 논증

흄은 『자연 종교에 관한 대화』의 서문에서 자신이 규명하고자 하는 것은 신의 본성이지 신의 존재가 아니라고 말한다. 이를 두고 흄이 유신론자라는 해석도 있지만 이는 잘못된 해석일 가능성이 높다. 만일 어떤 사람이 "보손(boson)은 존재한다. 그러나 난 보손의 본성이 무엇인지 모른다."라고 말한다면 우리는 그의 믿음은 무의미하다고 말할 것이다. 왜냐하면 그 경우 "보손은 존재한다."라는 문장은 의미가 불명확해져서 진위를 가릴 수조차 없기 때문이다. 현대 언어 철학의 용어를 사용한다면 이런 문장은 명제를 표현하지 못하게 되어 참이나 거짓의 진릿값을 가질 수 없다. 이런 이유로 흄은 사변적 형이상학의 문장들은 불명확한 언어로 교묘히 포장된 사이비 진리라고 말한다.

따라서 『자연 종교에 관한 대화』에 등장하는 세 인물은 신의 본성을 규명하는 데 논의를 집중한다. 첫 번째 인물은 정통 신학적 입장을 대변하는 데미아로서 그는 신의 본성은 무한해서 인간의 유한한 정신에 의해 알려질 수 없다는 계시 신학을 옹호한다. 두 번째 인물은 자연 종교를 옹호하는 클레안테스로서 그는 신의 본성은 인간의 이성의 힘을 통해 충분히 알려질 수 있다고 주장한다. 세 번째 인물은 흄의 입장을 대변하는 필로로서 그 역시 데미아와 마찬가지로 자연 종교에 반대한다. 그러나 필로가 자연 종교에 반대하는 이유는 신의 본성이 무한해서가 아니라 신의 본성에 관한 주장들이 해결할 수 없을 정도의 심각한 문제를 안고 있기 때문이다.

흄은 신의 본성을 규명하기 위해 고안된 여러 논증 중 선험적 논증에 속하는 '설계 논증(design argument)'에 논의를 집중한다. 설계 논증은 '목적론적(teleological) 신 존재 증명'이라고도 불리는데 그 이유는 설계 논증의 기본 생각이 아리스토텔레스의 목적론적 세계관과 일치하기 때문이다.[12] 클레안테스가 제시하는 설계 논증은 다음과 같다.

① 이 세계는 기계와 비슷하다. (기계처럼 조화와 질서를 갖고 수단과 목적의 관계로 이루어져 있다.)

② 기계는 인간 정신에 의해 설계되었다.

③ 결과가 비슷하면 원인 또한 비슷하다.

④ 그러므로 이 세계 역시 인간의 정신과 유사한 정신에 의해 '설계(design)' 되었을 것이다.

⑤ 이 세계는 인간이 만든 기계보다 훨씬 크고 복잡하므로 이 세계를 설계한 정신 또한 인간의 정신보다 훨씬 뛰어날 것이다.

⑥ 그것이 신의 정신이다.

필로는 설계 논증을 다음과 같이 비판한다. 첫째, 필로는 설계 논증은 잘못된 유비 논증이라고 비판한다. 설계 논증은 세계를 기계에 비유함으로써 세계 역시 기계와 마찬가지로 이성적 관념에 의해 설계되었다고 주장하는 유비 논증이다. 그러나 필로는 이 논증의 핵심 전제 ①이 잘못됐다고 비판한다. 인간이 만든 기계는 이 세계의 아주 작은 부분이며 우주는 기계와는 비교할 수 없을 정도로 거대하고 복잡하기에 거대한 우주를 인간이 만든 기계에 비유하는 것은 부분을 전체로 확장시키는 오류에 해당한다는 것이다.

둘째, 필로는 세계의 자연 현상은 조화와 질서도 보여 주지만 그에 못지않은 무질서와 부조화를 보여 준다는 점을 지적한다.[13] 필로는 악의 실재성과 관련한 에피쿠로스(Epicouros, 기원전 341~270년)의 딜레마를 인용하는데 고대 그리스의 자연주의 철학자 에피쿠로스는 "세상에 가득 찬 악을 보건대 만일 신이 전지전능하다면 그는 악할 것이고, 만일 신이 선하다면 그는 무능할 것이다."라고 말한 바 있다. 악의 실재성은 신에게 전지전능함과 자비로움이라는 두 속성을 모두 귀속시킬 수 없게 만든다는 것이다. 그러나 신이 이 두 속성 중 하나만 갖는다면 목적론적 세계관도 설계 논증도 성립할 수 없게 된다. 플라톤의 선 이데아로부터 내려오는 유신론의 전통에서 신은 전지전능하며 완벽하게 선하다고 전제되기 때문이다.

셋째, 필로는 설계 논증이 전제하는 관념론의 논리가 선결 문제 요구의 오류의 문제를 일으킨다고 지적한다. 관념론의 논리(클레안테스의 논리)에 따르면 물질은 이성적 사유 능력이 없기에 스스로 조화와 질서의 원인이 될 수 없다. 그러나 필로는 관념론자의 이런 논리는 증명해야 할 결론을 미리 전제로 가정하고 들어가는 선결 문제 요구의 오류에 해당한다고 지적한다. 관념론자들이 증명해야 하는 결론은 이성 능력을 가진 관념만이 조화와 질서의 원인이 될 수 있다는 것이다. 그런데 그 이유가 물질은 이성적 사유 능력이 없어서 조화와 질서의 원인이 될 수 없다는 것이라면 전제가 결론을 동어반복을 하는 셈이 되어 선결 문제 요구 오류를 범하게 된다는 것이다.

　여기까지의 비판이 『자연 종교에 관한 대화』 5장까지의 설계 논증에 대한 비판이다. 5장까지의 비판이 설계 논증 자체의 문제들에 주목했다면 6장부터는 설계 논증, 즉 관념론적 설명을 대신할 대안적 설명을 찾는 데 주목한다. 『자연 종교에 관한 대화』를 읽으면서 깨닫게 되는 흥미로운 사실은 서양 철학의 서로 다른 존재론은 이 세계의 다양한 현상들을 설명하기 위한 최선의 가설(또는 설명)로 제시되었다는 것이다.[14] 관념론 역시 설명적 가설 중의 하나다. 이를테면 플라톤은 물질 세계의 현상을 설명하기 위해 이데아라는 관념적 세계를 요청했고 아리스토텔레스 역시 물질 세계의 운동과 변화를 설명하기 위해 부동의 동자라는 관념적 존재(신)를 요청했다. 데카르트는 이데아 세계나 부동의 동자 같은 존재는 받아들이지 않았지만 그 역시 인간의 자유 의지나 이성 능력을 설명하기 위해 비물질적 실체가 존재한다고 주장한다. 설계 논증 역시 물질 세계의 조화와 질서를 설명하기 위해서 신의 이성이라는 비물질적 관념을 끌어들인다. 그러나 앞서 본 것처럼 흄은 관념론적 가설이 여러 문제를 일으킨다고 본다.

따라서 흄은 관념론적 가설을 대체할 대안적 가설을 모색한다.

5. 물질론적 가설

관념론적 가설을 대체할 대안적 가설은 물질론적 가설이다. 물질론적 가설의 특징은 세계의 모든 현상을 물리적 자연 법칙에 의해서만 설명한다는 것이다. 필로는 물질론적 가설이 관념론적 가설보다 물질 세계의 조화와 질서를 훨씬 잘 설명할 수 있다고 주장한다. 이 새로운 가설을 옹호하기 위해서 우선 필로는 이 세계가 기계보다 동식물과 더 유사하다고 주장한다. 이 세계가 동식물과 더 비슷한 이유는 동식물이 기계보다 세계의 훨씬 더 많은 부분을 차지하고 있기 때문이다. 그런데 동식물은 이성을 갖지 않았음에도 불구하고 그 안에 내재하는 "생장과 생식의 원리(principle of vegetation and generation)"에 따라 스스로 질서와 조화를 만들어 간다. 이를테면 나무는 조화나 질서를 인식하지 못하면서도 자신의 조직에 질서와 조화를 부여하고, 동물도 이성 능력이 없지만 새끼를 돌보고 먹이를 찾아서 이동하고 적으로부터 자신들을 보호할 줄 안다.[15] 필로는 "이 세계를 둘러보면 인간의 이성에 의해 만들어진 조화나 질서보다 자연 스스로가 만들어 낸 조화와 질서가 훨씬 많다는 것을 알 수 있다."라고 말한다.

이런 이유로 필로는 클레안테스의 설계 논증을 다음과 같은 물질론적 논증으로 대체한다.

① 이 세계는 기계보다 동식물과 더 유사하다.

② 동식물은 생장과 생식의 원리에 의해 스스로 조화와 질서를 만들 수 있다.

③ 결과가 비슷하면 원인 또한 비슷하다.

④ 그러므로 세계 역시 생장과 생식의 원리(또는 그와 비슷한 원리)에 의해 스스로 조화와 질서를 만들 수 있다.

설계 논증과는 달리 물질론적 논증은 물질 세계의 조화와 질서를 물질 세계 내에 존재하는 자연적 또는 물리적 법칙에 의해서만 설명한다. 따라서 물질론적 논증에 따르면 이 세계의 조화와 질서는 이성적 존재에 의해 설계된 것이 아니다. 어떤 현상이 조화와 질서를 갖췄다고 해서 그것이 반드시 이성적 존재에 의해 설계되었음을 의미하는 것은 아니라는 것이다. 그리고 바로 이런 점에서 필로가 제시하는 물질론적 논증은 다윈의 진화론의 등장을 100년 가까이 앞서 예견한다. 다윈의 진화론 역시 유기체가 보여 주는 조화와 질서는 설계된 것이 아니라 유기체가 환경에 적응하기 위해 스스로 만들어 낸 것이라고 보기 때문이다.

그러나 흄의 물질론적 가설의 파격성은 여기서 그치지 않는다. 흄은 인간 이성조차 물질로부터 나온 것이라고 보기 때문이다. 인간 이성의 본질을 비물질적으로 이해했던 관념론자들과는 달리 흄은 인간의 이성도 동물의 본능으로부터 발생했다고 본다. 동물은 본능적으로 생존과 생장의 욕구를 갖는데 이런 동물의 본능을 만족시키는 과정에서 계산적 본능, 즉 이성이 발현했다는 것이다. "이성은 정념의 노예다."라는 흄의 유명한 주장은 흄의 물질론적 설명의 한 측면이라고 볼 수 있다. 인간 이성의 복잡하고 정교한 기능은 처음부터 존재했던 것이 아니라 길고 긴 진화의 과정이라는 것이다.

흄은 자신의 물질론적 가설을 우주론에까지 확장시킨다. 8장에서 필로는 수정된 에피쿠로스 우주론을 전개하는데, 이 가설에 따르면 최초에 우주는 이성적 관념이 아닌 물질의 "유도되지 않은 맹목적인 힘(unguided and blind force)"에 의해 시작되었다. 이는 목적도 의도도 없는 비이성적인 힘을 의미하는데, 이를 통해 최초의 입자들이 생겨나고 이 입자들은 혼돈의 상태에서 무법칙적인 운동을 시작하게 된다. 그 과정에서 어떤 입자들은 살아남고 어떤 입자들은 소멸하게 되며, 이런 과정을 오랫동안 반복하면서 점진적으로 우주의 법칙이 생겨난다. 이는 유신론적 우주론과는 정반대의 설명으로 흄의 물질론적 우주론에 따르면 우주에는 애초에 무질서와 혼돈만 존재했으나 시간이 지나면서 질서와 법칙이 생겨난 것이다.

이에 대해 데미아는 9장에서 필로의 물질론적 가설은 "왜 애초에 아무것도 없지 않고 무엇인가가 있었는가?" 그리고 "왜 우주가 다른 모습이 아닌 지금과 같은 모습으로 존재했어야 하는가?"에 대한 답을 주지 못한다고 항변한다. 데미아는 이런 질문에 답하기 위해서는 필연적 존재인 신을 가정해야 한다고 주장한다. 흥미롭게도 데미아의 이런 주장을 비판하는 것은 필로가 아닌 클레안테스다. 클레안테스는 이 세상에 존재하는 모든 것들은 존재하지 않았을 수도 있었기 때문에 어떤 존재가 필연적이라고 말하는 것은 "무의미"하다고 말한다. 존재는 경험을 통해 확인되어야 하는데 필연성은 경험으로 확인될 수 없기에 '필연적 존재'란 단어는 서로 모순되는 개념들을 조합한 무의미한 표현이라는 것이다. 데미아의 질문은 '사변적 형이상학'에 속하는 질문으로서 그 특징은 유의미한 대답이 불가능하다는 데 있다. 흄의 이런 입장은 마지막 장인 12장에 가서 더 확연히 드러나는데 흄은 11장까지의 논의에 비추어 볼 때 신이란 개념은 너무나 모호하고 모순적인 개념이라서 신에 관한 논의 자체가 무의미하다고 주장한다. 앞서 봤듯 신의 본성을 규명하고자 제시된 모든 논증은 실패로 돌아간다. 신이 우주의 설계자라는 주장도, 전지전능하다는 주장도, 무한히 자비롭다는 주장도, 필연적 존재라는 주장도 모두 정당화될 수 있는 주장이 아니다. 신의 본성이 이토록 모호하고 불확실하고 모순적이라면 유신론자의 주장도 무신론자의 주장도 모두 진위를 따질 수 없는 무의미한 주장이다. 그러므로 진정한 종교인은 신에 관해 아무것도 주장하지 않는 자, 즉 철학적 회의론자라고 결론을 내리면서 책을 끝마친다.

6. 글을 마치며

흄이 『자연 종교에 관한 대화』에서 목표했던 것은 신에 관한 논의를 철학과 과학, 정치, 사회, 윤리적 문제로부터 배제하고자 했던 것이었다. 흄의 이런 입장은 사변적 형이상학에 반대했던 칸트와 비슷한 면이 있지만 칸트보다 좀 더 현대 과학에 가깝다고 할 수 있을 것이다. 흄이 신에 관한 논의를 철학과 과학 등에서 배제하겠다고 한 것은 필연성과 확실성을 철학과 과학 등으로부터 배제하겠다는 것을 의미하기 때문이다. 앞서 봤듯 흄은 신의 필연성에 호소하는 목적론적 세계관을 물질의 생존 원리에 호소하는 진화론적 세계관으로 대체시킨다. 그런데 잘 알려져 있듯 진화론에서는 생명의 진화를 우연의 산물로 본다. 진화는 우연히 발생한 돌연변이와 자연 선택의 원리에 따라 발생하기 때문이다. 또한 현대 양자 역학에 따르면 미시 세계는 필연적 법칙이 아닌 확률적 법칙에 따라 작동하며 따라서 미래를 확실하게 예측하는 것은 인간의 이성 능력의 한계 때문이 아니라 물질 자체의 특성 때문에 불가능하다. 흥미로운 사실은 흄은 뉴턴의 기계론적 물리학(고전 물리학)이 과학과 철학을 지배하던 18세기에 이미 필연적 법칙과 확실성을 의심했다는 것이다. 흄은 당시에 이미 인과 법칙의 필연성과 귀납적 추론의 확실성에 대해 회의적이었기 때문이다. 따라서 흄은 가장 근대적인 철학자이면서 근대를 넘어선 철학자라고 할 수 있을 것이다. 서양 근대의 특징인 회의주의적 탐구 정신을 성역을 두지 않고 모든 믿음에 적용했던 그는 그 철저함 덕분에 근대의 한복판에서 근대를 넘어 현대를 내다볼 수 있었던 것이다.

오은영(뉴욕 시립 대학교 영미 분석 철학 박사)

뉴턴은 떨어진 사과에서
무엇을 놓쳤는가?

칸트의 『자연 과학의 형이상학적 기초』

Immanuel Kant, 1724~1804

V. C. 베르네트(V. C. Vernet)가 그린 1800년경 칸트의 모습.

1. 칸트의 삶과 그의 비판 철학

칸트는 프로이센의 상업 도시인 쾨니히스베르크에서, 독실한 경건주의 루터파의 교리를 따르는 집안에서 태어났다. 6세부터 성인이 될 때까지(1730~1732년) 프리드릭스 신학원에서 수학했으며, 46세가 되던 1770년에 쾨니히스베르크 대학교에 철학 교수로 취임해 논리학과 형이상학 등을 강의했다. 그는 평생 쾨니히스베르크를 떠나지 않았으며, 시민들이 그의 산책 시간에 맞춰 시계를 맞추었다는 일화로 잘 알려진 것처럼, 규칙적인 생활을 영위하면서 연구와 강의에 전념했다.

다소 단조로워 보이는 그의 생활상의 전기와 대조적으로, 칸트가 『순수 이성 비판(*Kritik der reinen Vernunft*)』(1781, 1787년)에서 제시한 사유 방식의 전환은 급진적인 것이었다. 칸트가 제시한 사유 방식의 대대적인 전환은 그의 철학을 특징짓는 '비판' 개념을 통해 이해되어야 한다. 「계몽이란 무엇인가에 대한 답변(*Beantwortung der Frage: Was ist Aufklärung?*)」에서 칸트가 "과감히 알려고 하라(*Sapere aude*)!", "너 자신의 지성을 사용할 용기를 가져라!"[1]라고 촉구할 때 잘 드러나듯이, 칸트는 신과 교회와 같은 기존의 전통적 권위에 의지하지 않고 인간의 보편적 이성을 자유롭게 사용함으로써 자연을 통제하고 인간의 삶을 개선시켜 나갈 수 있다는 계몽주의의 정신에 동의한다. 그러나 그의 비판 철학은 인간 이성에 대한 단순한 신뢰가 아니라, "순수 이성의 원천과 한계"[2]를 검토하는 이성의 자기 비판 작업 위에 형이상학과 도덕 철학의 가능성을 정초했다는 점에서 계몽주의의 정점을 제시한 것으로 평가된다.

여기서 순수 이성 비판이란 책들과 체계에 대한 비판을 뜻하는 것이 아니라, 이성 능력 일반을, 이성이 **모든 경험으로부터 독립해서** 추구함직한 모든 인식과 관련해서 비판함을 뜻한다. 그러니까 그것은 도대체 형이상학이라는 것이 가능한지 불가능한지를 결정하고, 형이상학의 원천과 범위 그리고 한계를 규정하되, 그것들을 모두 원리로부터 수행함을 뜻한다.[3]

이성에 대한 자기 비판의 결과로서 칸트가 제시하는 사유 방식의 전환은, 우리의 인식이 대상들을 따르는 것이 아니라, 대상들이 우리의 인식을 따라야 한다는 것이다. 우리의 인식이 대상들을 따라야 하는 것으로 가정하면, 우리의 인식은 우연적 경험들에 의존할 것이므로 경험 대상들에 대한 보편적이고 필연적인 지식을 확립할 수 없게 된다. 그러나 경험 대상들이 우리의 인식 능력으로부터 주어진, 따라서 경험들로부터 독립적인 원리에 따라 구조화된 것으로 이해하면, 대상에 대한 보편적이고 필연적인 지식의 가능성을 설명할 수 있게 된다. 칸트는 대상에 대한 경험을 위해 요구되는 인식들 중, "우리 자신의 인식 능력이 자기 자신으로부터 산출"[4]한 경험 독립적인 인식을 선험적(A priori) 인식이라 칭했고, 이를 경험을 통해서만 얻게 되는 후험적(A posteriori) 인식과 구별했다.[5]

칸트는 대상에 대한 우리의 인식에 요구되는 두 가지 인지 능력을 감성과 지성으로 구분하고, 감성을 통해 주어진 직관과 지성에 의해 규정된 개념의 통일을 통해서만 대상이 객관적으로 인식될 수 있다고 주장했다. 여기서 칸트 철학의 독창적인 주장은, 대상에 대한 개념뿐 아니라, 대상에 대한 직접적인 표상인 직관 역시 우리 인지 능력으로부터 도출된 경험 독립적인 요소들을 포함한다고 주장한 데 있다. 즉 대상에 대한 우리의 직관이 포함하는 시간과 공간은, 우리 마음의 주관적 구성에 속하는 감성의 순수 형식이자 선험적 원리로서,[6] 대상에 대한 우리의 경험과 무관하게 존재하는 사물 그 자체 혹은 사물 그 자체에 속하는 속성이 아니라는 것이다. 이로부터 도출되는 결론은, 우리는 대상을 우리 감성의 시공간적 형식을 포함하는 직관에 주어진 '현상'으로서만 경험하며 인식할 수 있고, 감성의 이러한 조건들과 무관하게 존재하는 것으로서 '사물 그 자체'는 우리의 경험 혹은 지식의 대상이 될 수 없다는 것이다. 칸트가 코페르니쿠스적 전회라 일컫는 이러한 사유 방식의 전환에 따라, 형이상학은 더

8장 뉴턴은 떨어진 사과에서 무엇을 놓쳤는가?

이상 우리의 가능 경험 너머에 존재하는 초(超)감성적 실재에 대한 탐구가 아니라, 대상들에 대한 경험을 가능하게 하는, 우리 이성의 경험 독립적 인식들에 대한 학문이 된다.

2.『자연 과학의 형이상학적 기초』와 뉴턴의 수학적 물리학

『자연 과학의 형이상학적 기초(*Metaphysische Anfangsgründe der Naturwissenschaft*)』(1786년)에서 칸트는 자연 과학이 엄밀한 학문으로 여겨지기 위해서는 대상들을 우연적인 경험적 원리들이 아니라, 필연적이고 보편적인 선험적 원리들에 따른 인식을 포함해야 한다고 주장한다. 이에 따르면 엄밀한 자연 과학은 선험적 원리들에 따른 대상들에 대한 순수한 인식들의 체계가 되어야 한다. 선험적인 원리들에 기반해 도출할 수 있는 자연 대상들에 대한 순수한 인식은 형이상학적 인식과 수학적 인식으로 구성되어 있다. "순전한 **개념**에서 기인한 순수한 이성 인식은 순수 철학 또는 형이상학이라고 하는 반면에 대상을 아프리오리한(선험적인) 직관에서 나타냄으로써 자신의 인식을 단지 개념 **구성**에 근거를 두는 것은 수학이라고 한다."[7] 먼저, 규정적인 자연 대상들이 어떻게 경험 대상이 될 수 있는지를 사유하기 위해서, 자연 과학은 수학적 인식을 필요로 한다. 가령 물체가 공간 상에서 운동할 수 있는 다양한 방식들에 대해서 사유하기 위해서, 우리는 운동 개념을 순수한 공간 표상 안에 직관적으로 구성해 제시하는 수학적 인식에 의존해야 한다. 데카르트의 기계론적 세계관으로 대표되는 근대의 수학적 물리학은 자연 과학이 포함하는 이러한 수학적 인식의 중요성을 극대화하고자 했다. 근대의 수학적 물리학자들은 모든 물리적 현상들을 물체의 크기, 형태, 그리고 운동처럼 수학적으로 명료하게 측정될 수 있는 속성들로 환원하고자 시도했으며, 아리스토텔레스 이래 전통적 형이상학에서 강조되었던 사물의 힘, 활동 및 목적과 같은 개념들은 근대 과학의 성취와 충돌하는 것으로 여겨 폐기하고자 했다.

그러나 칸트에 따르면 자연에 대한 과학적 인식은 그것이 수학적 구성으로 환원되지 않는 '존재' 개념을 포함하는 한에서, 자연에 대한 형이상학적 인식 또한 전제해야만 한다. '존재' 개념은 공간과 시간과 같은 순수 직관들 안에 구체적인 표상으로 구성될 수 없다. 자연 대상들의 '존재' 개념이 공간과 시간과 같은 순수 직관들과 어떻게 결합될 수 있는지를 설명하는 것은 순수 철학 혹은 형이상학의 과제로 남아 있다.

칸트에 따르면, 자연 개념은 구체적 대상들의 구성을 규정하는 원리들을 가리키는 형식적 의미 외에, 존재하는 모든 사물의 총체라는 질료적 혹은 물질적 의미로 이해될 수 있다.[8] 그런데 칸트는 존재하는 모든 사물의 총체로서의 자연이 **"우리 감관 능력의 대상, 즉 경험의 대상"**[9]으로 여겨지는 한에서만 의미 있게 논의될 수 있다고 생각했다. 칸트에 따르면, 우리 내적 경험의 대상인 심적 상태들은 수학적으로 인식될 수 없기 때문에 엄밀한 자연 과학의 대상들로부터 제외

8장 뉴턴은 떨어진 사과에서 무엇을 놓쳤는가?

되며, 외적 경험의 대상인 물체 혹은 물질만이 수학적 인식의 대상이 될 수 있기 때문에 엄밀한 자연 과학의 탐구 대상이 될 수 있다. 그런데 외적 경험의 대상인 물질이 어떻게 수학적 원리들에 따라 탐구될 수 있는지를 설명하는 것은, 공간 안에 존재하는 물질 개념을 근거짓는 형이상학적 원리들이 무엇인가에 대한 탐구 또한 필요로 한다.[10] 자연 과학이 그것의 선험적 원리로서 수학적 인식뿐 아니라 형이상학적 인식 또한 전제한다는 점에서, 칸트는 자연 과학에서 형이상학적 원리들을 배제할 것을 주장하는 수학적 물리학자들의 입장이 모순적이라는 것을 지적한다.

> 그러므로 자기 업무를 수학적으로 다루길 원했던 모든 자연 철학자는 (비록 의식하지는 못했어도) 항상 형이상학적 원리를 사용했고 또 사용했어야만 했다. …… 모든 참된 형이상학은 사유 능력 자체의 본질에서 이끌어낸 것일 뿐 경험에서 빌려온 것이 아니기에 결코 날조되지 않는다. 오히려 참된 형이상학은 사유의 순수 행위를, 그러니까 **경험적 표상**의 다양을 비로소 합법칙적으로 결합하고, 이로써 이 경험적 표상이 **경험적 인식**, 즉 경험이 될 수 있게 하는 아프리오리한 개념과 원칙을 포함하고 있다. 그렇기에 저 수학적 물리학자들은 결코 형이상학적 원리를 포기할 수 없었다.[11]

사물의 운동에 대한 데카르트의 기계론적 설명에 맞서, 뉴턴은 힘의 개념을 특히 중요하게 다룸으로써 사물의 운동에 대한 동역학적 설명을 제시한다. '사과는 왜 위나 옆으로가 아니라 항상 아래로 떨어지는가?' 뉴턴에 관한 유명한 일화에 따르면, 뉴턴은 그의 정원에 있던 사과나무에서 사과가 떨어지는 것을 보고 이와 같은 물음을 떠올렸다.[12] 사과가 왜 항상 아래로 떨어지는가에 대한 뉴턴 자신의 대답은 잘 알려져 있듯이 모든 물질에는 끌어당기는 힘, 즉 인력이 있어 지구가 사과를 끌어당긴다는 것이다. 뉴턴은 이 만유인력의 법칙을 그의 세 가지 운동 법칙과 함께『자연 철학의 수학적 원리(*Philosophiœ Naturalis Principia Mathematica*)』(1687년)에서 제시했다. 줄여서『프린키피아』라고도 불리는 이 저작에서, 뉴턴은 만유인력을 포함한 여러 가능한 힘들에 의해 발생하는 사물의 운동에 대한 수학적 이론을 발전시켰다.

 뉴턴의 동역학적 세계관은 운동을 설명함에 있어 힘의 개념을 특히 중요하게 다룸으로써 데카르트적 기계론과 대립을 이루었지만, 뉴턴은 운동에 관한 그의 수학적 이론들이 전제하는 형이상학적 전제들에 대해서는 여전히 침묵하고자 했다. "아무런 가설도 세우지 않겠다."[13]라는 뉴턴의 유명한 언명에서 시사되는 것처럼, 그는 오히려 어떠한 형이상학적 전제들도 배제한 채 수학적 원리들과 명제들로서 그의 새로운 물리학을 구성할 수 있다고 생각했다. 이 지점에서 칸트는 뉴턴이 자연 과학으로부터 형이상학적 원리들을 배제할 것을 주장하지만, 암묵적으로 그 원리들을 전제하며 나아갈 수밖에 없는 수학적 물리학자들과 비슷한 어려움에 처한 것으로 이해한다. 자연 과학은 그것의 선험적 원리로서 수학적 인식뿐 아니라 형이상학적 인식 또한 요구한다는 점을 역설하며, 칸트는『자연 과학의 형이상학적 기초』의 서문에서 뉴턴에 대해 다음과 같이 말한다.

뉴턴은 자신의 『자연 과학의 수학적 원리』 머리말에서 (기하학에는 그것이 요청하는 기계론적 작업 중에서 단지 두 가지, 즉 직선을 그리는 것과 원을 그리는 것만 필요하다는 점을 언급한 후) 다음과 같이 말했다. **기하학은, 자신이 다른 곳에서 취해온 것은 그렇게 조금임에도 이렇게 많은 것을 성취할 수 있었다는 것에 자부심을 가진다.** 반면에 우리는 형이상학에 대해 이렇게 말할 수 있겠다. **형이상학은 순수 수학이 형이상학에 제공해 주는 그렇게 많은 것을 가지고도 달성할 수 있는 것이 그렇게 조금이라는 것에 놀라고 있다.** 그럼에도 이 조금은 실로 수학이 자신을 자연 과학에 적용하면서 불가피하게 필요한 그 어떤 것이다. 그리고 수학은 여기서 필연적으로 (수학이 자신을 자연 과학에 적용하면서 불가피하게 필요한 그 어떤 것을) 형이상학에서 빌려와야 하기 때문에 형이상학과 교류하는 것처럼 보이는 것을 부끄러워할 필요가 없다.[14]

뉴턴은 그의 수학적 물리학을 어떠한 형이상학적 가설도 배제한 채 구성하고자 했지만, 그의 운동 이론이 자연 대상들의 '존재' 개념과 관련되는 한에서 형이상학적 원리들을 전제해야만 한다. 뒤에서 살펴볼 것처럼, 뉴턴은 실로 그의 신학적 관점에 바탕을 둔 형이상학적 주장들로 그의 수학적 운동 이론을 뒷받침하고자 함으로써 그의 주장들 사이에 충돌하는 지점들을 남겨두게 되었다고 할 수 있다.

3. 중력의 원인

뉴턴의 그러한 비일관적인 태도는 먼저 중력의 원인과 관련한 그의 상반된 주장들과 관련해서 찾아볼 수 있다. 뉴턴은 서로 멀리 떨어져 있는 두 물체가 작용 반작용 관계에 있기 위해서는 그 물체들 사이에 존재하는 힘의 원인으로 작용하는 어떤 매개체가 있어야만 한다고 생각했다. 뉴턴은 멀리 떨어져 있는 두 물체가 다른 어떤 인자의 개입 없이 서로에게 직접 힘을 가할 수 있다는 것을 "매우 터무니없는 생각(so great an absurdity)"[15]으로 여기면서, "중력은 어떤 법칙들에 따라서 지속적으로 작용하는 인자에 의해 야기되어야만 하지만, 이 인자가 물질적인지 비물질적인지에 대한 결정은 독자들의 고려에 맡기겠다."[16]라고 말함으로써 중력의 원인에 대한 문제를 미결로 남겨두고자 했다. "아무런 가설도 세우지 않겠다."라는 그의 유명한 언명 역시 중력의 원인에 관해 그가 일종의 불가지론적인 입장을 취하고자 했다는 것을 시사한다.

그러나 다른 한편으로 뉴턴은 중력의 원인을 비물질적 실체여야 할 신(神) 개념에 연결시키는 것처럼 보인다. 뉴턴에 따르면, 신은 편재하며 불멸하는 존재로서, 공간상 존재하는 모든 대상들을 자신의 의지에 따라 창조하며 그렇게 창조된 모든 물질의 운동을 역시 자신의 의지에 따라 결정한다.[17] 뉴턴의 이러한 신학적 관점에 따르면, 뉴턴이 발견한 중력의 궁극적인 원인은 비물질적인 작용 실체로서의 신이어야 할 것으로 보인다. 실제로 뉴턴은 『프린키피아』 재판에서 다음과 같이 기술한다. "신은 언제 어디서나 하나이며 동일한 신이다. 그는 가상적으로뿐만 아니라, 실체적으로 편재한다. 왜냐하면 행위는 실체를 요구하기 때문이다."[18]

칸트가 뉴턴에 대해 제기하는 비판은 단순히 뉴턴의 주장들 사이에서 발견되는 비일관성에 관한 것은 아니다. 칸트가 제시한 비판 철학의 관점에서 보다 근본적인 문제는 뉴턴이 중력의 원인을 신 혹은 신의 편재성이라는 초감성적 실재에 귀속시키는 지점에 있다고 할 수 있다. 칸트에 따르면, 자연 과학이 전제하는 형이상학적 원리들은 우리의 가능 경험과 무관하게 존재하는 초감성적 실재에 대한 탐구로부터 주어지는 것이 아니라, 경험적 인식을 가능하게 하는 우리의 선험적 개념과 원칙들로부터 도출되어야 한다. 뉴턴이 자신의 신학적 관점에 기반해 중력의 궁극적인 원인을 신의 편재성으로 귀속시킬 가능성을 시사한 데 반해, 칸트는 인력이 물질에 내재적인 활동력으로 이해되어야 한다는 것을, 그리고 우리 지성의 선험적 개념과 원리들을 물질 개념에 적용함으로써 그러한 결론이 도출될 수 있다는 것을 주장한다.

『자연 과학의 형이상학적 기초』의 2장 「동역학의 형이상학적 기초」에서 칸트는 척력과 인력을 모든 물질이 가지고 있는 기본적인 두 가지 힘으로 제시하는데, 이에 따르면 공간상 존재하는 경험적 대상들의 모든 운동은 물질의 이러한 두 가지 근본적인 힘들에서 기인한다. 물질은 단순한 존재가 아니라 "자신의 공간을 자기 모든 부분의 척력으로, 즉 자신의 고유한 확장력으로 채운다."[19] 한 물질이 어떤 한정된 공간을 채우며 존재한다는 것은, 그 물질이 차지하고 있는 공간으로 침범해 오려는 다른 물질들의 운동에 저항하는 힘을 가지고 있다는 것을 의미한다. 이러한 저항하는 힘, 즉 척력은 다른 물질의 운동에 영향을 끼치는 원인이 되는데, 왜냐하면 물질의 척력은 그것이 차지하고 있는 공간을 침범해 오려는 다른 물질의 운동을 감소시킬 것이기 때문이다.[20] 또한 "물질의 가능성은 물질의 둘째 본질적 근본 힘으로서 인력을 요구"하는데, "**인력**은 그 힘으로 하나의 물질이 자신에게 다른 것이 접근하는 원인이 되게 하는 동력이다."[21] 한 물질의 인력은 다른 물질이 자신에게 가까워지는 운동을 하도록 야기하는 원인으로 작용하는 동시에, 물질이 한정된 공간을 차지하는 경험적 대상으로 존재하기 위한 가능성을 근거짓는 원리이기도 하다. 한 물질이 오직 자신의 척력을 통해 공간에서 무한히 분산되어 버린다면 물질이 존재할 수 없을 것이다. 따라서 한정된 공간을 차지하는 물질적 경험 대상의 가능성은 해당 물질의 저항하는 힘과 대립하는 힘으로서 인력 또한 전제한다.[22]

경험적 물질 개념이 가능하기 위한 조건으로서 척력과 인력을 물질의 두 가지 근본적인 힘으로 제시한 후, 만유인력의 원인에 관한 질문을 미결로 남겨두려고 했던 뉴턴에 대해 다음과 같이 말한다.

그는 물질의 보편적 인력의 원인에 관한 질문에 대답하려는 모든 가정은 정당하게도 도외시했다. 이 질문은 물리적 혹은 형이상학적 질문이지 수학적 질문이 아니기 때문이다. 그래서 비록 뉴턴이 자신의 『광학』 재판 주

8장 뉴턴은 떨어진 사과에서 무엇을 놓쳤는가?

의 사항에서 "**중력**을 물체의 **본질적** 속성으로 여기지 않는다는 것을 보이기 위해 나는 그것의 원인에 관한 한 가지 질문을 추가했다."라고 말했지만, 근원적 인력이라는 개념에 대한 동시대인들의, 그리고 어쩌면 뉴턴 자신의 반감이 자신을 자기 자신과 모순되게 한다는 점은 분명하다. 왜냐하면 그는 천체는 순전히 물질로서 물질의 보편적 속성에 따라 다른 물질을 끌어당긴다고 가정하지 않았다면, 그는 두 행성의 인력이, 예컨대 목성과 토성이 (그것의 질량은 모르는) 자신들의 위성에서 같은 거리에 있음을 증명하는 이들의 인력이 이 천체 물질의 분량에 비례한다고 절대 말할 수 없었을 것이기 때문이다.[23]

중력의 궁극적인 원인으로서 멀리 떨어진 두 물체 사이에 존재하는 매개체를 전제하며, 그러한 매개체의 본성에 대한 질문은 미결의 문제로 남겨두고자 한 뉴턴과 반대로, 칸트는 중력이 물질에 내재적인 활동력으로 이해되어야 한다는 것을 주장한다. "근원적 인력이라는 개념에 대한 …… 뉴턴 자신의 반감이 자신을 자기 자신과 모순되게" 만들었지만, 뉴턴의 만유인력 법칙은 인력을 직접 주고받는 두 물체 이외에 신의 편재성을 포함해 어떤 다른 매개체도 전제하지 않고 성립될 수 있다는 것이다. 실제로 『자연 과학의 형이상학적 기초』 3장 「역학의 형이상학적 기초」에서, 칸트는 서로 떨어져 있는 두 물체 사이의 인과 작용이 단순히 두 물체가 주고받는 운동량으로 설명될 수 있다는 것을 뉴턴의 운동 법칙에 따라 보이고자 한다. 이에 따르면 중력 가속도의 보존을 위해서 2개의 상호 작용하는 물체들 이

외에 어떤 다른 물질이나 초감성적 원인 개념에 호소할 필요가 없다. 칸트는 『순수 이성 비판』에서 원인 개념을 우리가 대상을 사유하기 위해 반드시 전제해야 하는 지성의 선험적 개념들 중 한 가지로 제시했는데, 칸트는 같은 책에서 이러한 원인 개념은 우리의 직관 형식인 시간과 공간을 통해 규정될 수 있는 경험의 대상들에 적용될 때에만 의미를 가질 수 있다는 것을 주장했다. 인력과 척력의 근본적인 힘은 물질의 보편적인 속성들로 현상계 안으로 내재화되어야 한다는 그의 주장은, 『순수 이성 비판』에서 제시된 선험적 인과 개념과 관련된 선험적 원리들을 물질 개념에 적용한 결과로서 도출되는 내용이라 할 수 있다.

칸트 이론 철학의 핵심적인 통찰은 우리의 인지 능력으로부터 도출된 선험적 개념들과 원리들이 우리 경험과 경험 대상의 기본적 구조를 결정한다는 것이다. 대상 일반의 가능성의 조건이 되는 선험적 원리들을 탐구할 수 있다는 초월 철학의 아이디어는, 『자연 과학의 형이상학적 기초』에서 물질적 대상 일반의 가능성의 조건이 되는 선험적 원리들을 탐구할 수 있다는 아이디어로 구체화된다. 외적 대상들에 대한 경험 가능성과, 그러한 물질적 대상들의 가능성을 뒷받침하는 원리들은 인력과 척력이라는 물질의 두 가지 근본적인 힘을 핵심적으로 포함한다. 이 두 가지 기본 힘들은, 물질의 특수하고 개별적인 운동의 사례를 설명하기보다는, 물질 일반의 가능성 및 물질적 운동의 가능성에 대한 조건을 제시하는 것을 목표로 하는 한에서, 형이상학적 원리로 분류되어야 한다. 그러나 물질과 물질의 운동이 우

8장 뉴턴은 떨어진 사과에서 무엇을 놓쳤는가?

리 경험의 대상으로서만, 즉 우리의 직관 안에 주어질 수 있는 대상으로서만 논의된다는 점과, 물질적 운동을 지배하는 원리가 자연 세계에 대한 체계적 탐구를 목표로 하는 우리 이성에 의해 제시된 것으로 특징지어지는 한에서, 이 모든 논의는 여전히 현상계 내 자연 대상들에 대해서만 적용될 수 있다.

4. 절대 공간

뉴턴의 수학적 물리학이 그의 신학적 관점에 바탕을 둔 형이상학적 전제들을 포함하고 있었다는 점은 그가 제시한 절대 공간 개념을 통해서 더욱 분명하게 보여질 수 있다. 뉴턴은 물질 및 물질의 운동과 독립적으로 존재하며 절대적으로 고정되어 있는 공간 개념을 상정했다. 뉴턴에게 이러한 절대 공간은 신의 발산의 결과로서, 신의 "무한하며 균일한 감각 기관(boundless uniform sensorium)"[24] 으로 존재하는 순수 연장을 의미했다. 뉴턴의 신학적 관점에 따르면, 절대적으로 고정되어 있고 텅 비어 있는 공간 안에 신은 자신의 사유와 의지에 따라 모든 물질을 창조하며 물질의 운동을 지배하는 법칙들 또한 결정한다.

이는 공간이 우리의 주관의 인지 능력에 속하는 감성의 형식으로서, 우리가 대상을 표상하는 '방식'일 뿐, 대상에 대한 우리의 경험과 인식을 떠나 존재하는 물자체나 물자체의 속성이 아니라는 칸트의 주장과 정면으로 배치된다. 물질의 운동을 수학적 원리에 따라 설명할 수 있다는 점을 설명하기 위해 뉴턴은 신의 편재성과 같은 초감성적 실재에 대한 형이상학적 주장에 기대는 반면, 칸트는 이성 비판의 결과 우리는 그와 같은 것들을 인식한다고 주장할 수 없을 뿐만 아니라, 수학적으로 인식될 수 있는 물질적 공간 및 운동의 가능성은 그와는 다른 방식으로 설명될 수 있다고 주장한다.

『자연 과학의 형이상학적 기초』의 1장 「운동학의 형이상학적 기초」에서 칸트는 물질을 "공간 안에서 **움직일 수 있는 것**"[25]으로 정의한 뒤, 물질적 혹은 상대적 공간과 순수 혹은 절대적 공간을 다음과 같이 구분한다.

> **물질**은 공간에서 **움직일 수 있는** 것이다. 그 자신이 움직일 수 있는 공간을 물질적 공간 또는 **상대** 공간이라고도 한다. 모든 운동이 최종적으로 자신 안에 있다고 생각되어야만 하는 것(따라서 그 자신이 절대적으로 움직일 수 없는 것)을 순수 공간 혹은 **절대** 공간이라 한다.[26]

칸트는 『순수 이성 비판』에서 공간을 우리의 외적 직관의 선험적 형식인 것으로 제시한다. 그러나 『자연 과학의 형이상학적 기초』에서 경험에서 우리가 실제로 지각하는 공간은 그 안이 물질로 채워진, 물질적 공간이라는 것이 지적된다. 물질적 공간은 우리가 외적 직관을 통해 경험적 대상을 지각할 때, 그러한 경험적 대상을 포함하는 공간으로 함께 지각되는 공간을 의미한다. 그런데 하나의 물질적 공간이 지각되기 위해서는, 그것을 포함하는 더 큰 물질적 공간이 지각될 수 있는 것으로 존재한다는 것을 전제해야 한다. 이러한 방식으로, 물질적 공간은 비확정적으로 계속해서 확장될 수 있다. 가령, 내가 앉아 있는 강의실은 내가 책상과 가방을 배열할 수 있는 물질적 공간이다. 그러나 이 물질적 공간은 대학 캠퍼스라는 더 큰 물질적 공간 안에 놓인 경험적 대상으로 지각되는 한에서 더 확장될 수 있다. 그 경우, 이 강의실은 내가 지각하는 경험적 대상이 되고, 대학은 내가 이 강의실과 다른 건물들을 배열하는 더 큰 물질적 공간이 된다. 다시, 대학 캠퍼스는 서울과 같은 더 큰 물질적 공간 내에 배열된 경험적 대상들 중 하나로 지각되는 한에서, 물질적 공간은 더 확장될 수 있다. 칸트는 물질적 공간이 이러한 방식으로 무한히 확장될 수 있다고 말한다.

그런데 물질적 공간의 이러한 상대성은 물질의 운동이 물질적 공간이 확장됨에 따라 상대적으로 달리 규정될 수 있다는 맥락에서 중요하다. 처음에는 정지해 있는 것으로 보인 하나의 물질적 공간이, 그것을 포함하는 확장된 물질적 공간 안에서 지각될 때에는 움직이고 있는 것으로 관찰될 수 있다. 칸트가 직접 제시하는 예시를 따라, "내가 선실 내 테이블 위에 공이 움직이는 것을 본다."라고 가정해 보자.[27] 여기서 공의 운동 상태뿐만 아니라, 선실의 정지 상태 역시 확장된 물질적 공간들에 따라 상대적으로 다르게 정의될 수 있다. 가령 공과 선실을 포함하는 배의 운동을, 정지해 있는 것으로 보이는 강둑을 배경으로 관찰한다고 생각해 보자. 만일 정지해 있는 것으로 보이는 강둑을 배경으로 배가 공의 움직임과 "반대 방향에서 같은 속도로 움직이는 것"[28]으로 지각될 수 있다면, 그 공은 정지해 있는 것으로 지각될 수 있을 것이다. 반대로, 처음 관찰에서는 정지하고 있는 것으로 보였던 선실은 강둑을 배경으로 고려된 배와 동일한 방향과 속도로 움직이고 있는 것으로 지각될 것이다. 다시, 공, 배, 강둑의 운동 및 정지 상태는 고려되는 물질적 공간이 확장됨에 따라 상대적으로 다르게 규정될 수 있다. 이렇듯 경험적 대상들의 운동 및 정지 상태는 언제나 다른 경험적 대상들과의 관계 속에서 상대적으로 규정된다. 이런 의미에서, 우리가 경험에서 지각하는 물질적 대상의 운동 및 정지 상태는 절대적으로 고정된 속도 및 방향을 가진 것으로 규정될 수 없다. 여기서 칸트는 물질적 공간을 순수 공간과 대비하며, 전자와 후자를 각각 상대 공간과 절대 공간으로 일컫는다.

하나의 절대 공간이, 즉 물질적인 것이 아니기에 경험의 대상 역시 될 수 없는 것이 그 **자체로 주어져 있다**고 전제하는 것은 그 자신도 지각될 수 없고, 자신의 결과(절대 공간에서 운동)도 지각될 수 없는 어떤 것을 경험의 가능성을 위해 전제함을 의미한다. 그렇지만 (실제로는) 경험은 항상 이것(지각될 수 없는 어떤 것) 없이 다루어져야 함에도 말이다. 그러므로 절대 공간은 **그 자체로**는 아무것도 아니어서 그 어떤 객관도 아니다. 오히려 절대 공간은 내가 주어진 공간 외에도 항상 그것을 생각할 수 있는 하나의 또 다른 상대 공간을 의미할 뿐이고, 나는 이 또 다른 상대 공간을 단지 주어진 모든 공간을 넘어 이것을 포함하며 그 안에서 움직인다고 가정할 수 있는 무한으로 내쫓아 버리는 것이다.[29]

앞서 살펴보았듯이, 우리가 경험할 수 있는 모든 물질적 공간의 운동 및 정지 상태는 다른 물질적 공간과의 관계에 따라 상대적으로 규정된다. 왜냐하면, 하나의 물질적 공간을 지각하기 위해서는, 그것을 포함하는 확장된 물질적 공간을 전제하는데, 이러한 물질적 공간의 확장은 비확정적으로 계속될 수 있기 때문이다. 이러한 물질적 공간의 비확정적 확장 속에서, 한 운동의 방향과 속도를 절대적인 방식으로 고정시켜 줄 수 있는 비물질적인, 절대적으로 텅 빈 공간이란 경험될 수 없다.

이러한 칸트의 설명에 따르면, 절대 불변하는 것으로 존재하는 절대 공간이란 실재하지 않는다. 그것은 모든 물질적 대상들과 공간들의 움직임이 상대적이라는 것을 의미하기 위해서 전제되는 하나의 이념에 불과하다. 칸트는 "'이념'이라는 말로 그것에 합치하는 아무런 대상도 감관에 주어질 수 없는 필연적인 이성 개념을 뜻한다."[30] 이념의 대상은 우리의 경험 안에 주어지지 않기 때문에 이념을 통해 "어떤 객관이 규정될 수 있는 것은 아니지만"[31] 대상들에 대한 객관적 인식들이 통일적으로 확장되도록 방향을 제시한다. 절대 공간이라는 이념을 통해 우리는 개별적인 물질적 공간들이 체계적 통일성에 따라 결합되어 있는 것으로 생각할 수 있게 되지만, 이러한 절대 공간은 결코 우리 경험의 대상으로 주어질 수 없고, 따라서 실재하는 것으로 인식될 수 없다.

뉴턴은 떨어진 사과에서 무엇을 놓쳤는가? 칸트에 따르면, 첫째, 뉴턴은 자연 과학이 그것의 선험적 원리로서 대상의 규정성과 관련된 수학적 인식뿐만 아니라 대상의 존재 개념과 관련된 형이상학적 인식을 포함한다는 것을 때때로 간과했다. 실제로 뉴턴의 절대 공간 개념과 중력의 궁극적 원인에 대한 개념은 신의 편재성과 같은 초감성적 실재에 대한 전통적인 형이상학적 주장들에 기댄 바가 있었기 때문에, 이는 그의 수학적 물리학이 어떤 형이상학적 가설도 포함하지 않는다는 뉴턴의 또 다른 주장과 충돌하는 지점으로 남게 되었다. 둘째, 칸트에 따르면 뉴턴은 공간 개념과 원인 개념이 우리의 경험적 대상들 너머에 있는 초감성적 실재에 적용될 수 없다는 점을 간과했다. 우리의 경험 안에 주어질 수 없는 절대 공간과 운동의 궁극적 원인으로서 신과 같은 비물질적 실체를 전제하는 것은, 우리의 인식 능력의 한계에 대한 검토 없이 이루어진, 형이상학적으로 독단적인 주장들에 불과하다.

박경남(시카고 로욜라 대학교 철학 박사)

5부

자연은
절대자의 얼굴이다

9장

절대적 관념론,
자연의 신비를 벗기다

셸링의 『자연 철학의 이념』

Friedrich Wilhelm Joseph Schelling, 1775~1854

Ideen

zu einer

Philosophie der Natur.

Als

Einleitung in das Studium dieser Wissenschaft.

Erster Theil.

Von

F. W. J. Schelling,

Doktor der Philosophie und Medicin, und Professor zu Jena.

Zweite durchaus verbesserte und mit berichtigenden
Zusätzen vermehrte Auflage.

Landshut,

bei Philipp Krüll, Universitätsbuchhändler.

1803.

셸링의 『자연 철학의 이념』의 표지.

1. 셸링의 삶과 자연 철학의 이념

1781년 칸트의 『순수 이성 비판』이 출간되고 난 후 1831년 헤겔이 죽기까지 근 50년의 기간을 철학사에서는 '독일 관념론'의 시대라고 부른다. 이 시기를 대표하는 철학자들 가운데 가장 독창적이며 천재적 재질을 보여 준 철학자는 다름 아닌 프리드리히 빌헬름 요제프 폰 셸링이다. 크지 않은 키에 다부진 얼굴을 한 셸링은 서양 철학사에서 볼 때 매우 독특한 위치를 점한다. 왜냐하면 그는 독일 관념론을 형성시키고 발전시킨 인물일 뿐만 아니라 독일 관념론을 철저하게 비판하고 관념론의 붕괴와 함께 시작된 실존주의와 유물론의 기초를 제공했고 아르투어 쇼펜하우어(Arthur Schopenhauer, 1788~1860년)와 니체를 통해 대변되는 '의지의 철학'의 시원이 되는 철학자이기도 하기 때문이다.

셸링은 독일 남서부 뷔르템베르크 공국의 작은 마을인 레온베르크에서 1775년 1월 27일 태어났다. 루터 교회 목사인 그의 아버지는 튀빙겐 근처 바벤하우젠에 있는 신학교의 동양어 교수였기 때문에 셸링은 어려서부터 학문을 접할 기회가 많았다. 이미 8세 때 독일 학교에서 고전어를 배웠을 뿐만 아니라 10세 때 라틴 어 학교에 입학해 고전 세미나에 참석했다. 당시 법에 따르자면, 18세가 되어야 대학교에 입학할 수 있었지만 셸링은 워낙 영리하고 뛰어났기에 만 16세가 되기 석 달 전 튀빙겐 신학교 입학 허가를 받는다. 1790년 10월의 일이었다.

튀빙겐 신학교는 장차 국가, 교회, 뷔르템베르크 공국을 위해 일할 신학자나 고등학교 교사를 기르기 위해 성립된 교육 기관이었다. 교과 과정으로는 2년의 철학 과정과 3년의 신학 과정을 마친 후 논문을 쓰고 졸업하는 형태를 취하고 있었다. 이 신학교는 두 과정을 포함해서 모두 200~300명의 학생으로 구성되었고, 모든 학생은 의무적으로 기숙사 생활을 해야 했으므로 셸링도 기숙사에 들어갔다. 이때 그와 함께 한 방을 사용하게 되는 동료들의 면면이 흥미롭다. 바로 요한 크리스티안 프리드리히 휠덜린(Johann Christian Friedrich Hölderlin, 1770~1843년)과 게오르크 빌헬름 프리드리히 헤겔이 그들이다.

대학을 졸업 후 1795년 라이프치히에 가정 교사로 가게 되면서 수학, 자연 과학, 의학 등을 공부한다. 이때 결과물로 나온 책이 바로 『자연 철학의 이념(*Ideen zu einer Philosophie der Natur*)』이다. 1978년 드레스덴에 머물면서 아우구스트 빌헬름 폰 슐레겔(August Wilhelm von

Schlegel, 1767~1845년), 프리드리히 폰 슐레겔(Friedrich von Schlegel, 1772~1829년) 형제들, 노발리스(Novalis, 1772~1801년), 프리드리히 에른스트 다니엘 슐라이어마허(Friedrich Ernst Daniel Schleiermacher, 1768~1834년) 등과 교류한 후, 같은 해 요한 볼프강 폰 괴테(Johann Wolfgang von Goethe, 1749~1832년)에 의해 예나 대학교 사강사로 초빙된다. 초창기에는 요한 고틀리프 피히테(Johann Gottlieb Fichte, 1762~1814년)와 같이 작업하지만 피히테가 무신론 논쟁으로 예나를 떠나면서 예나의 정신적 구심점이 되어 간다. 1803년 예나를 떠나면서 카롤리네 셸링(Caroline Schelling, 1763~1809년)과 결혼한다. 그리고 1841년 헤겔이 죽은 지 10년이 되는 해에 베를린 대학교에서 자신의 후기 철학을 강의하다 1854년 스위스 바드 라카츠에서 요양하던 중 사망한다.

2. 17세기의 자연 이해

독일 관념론 철학자 가운데 셸링 하면 가장 먼저 떠오르는 것이 그는 자연 철학자라는 점이다. 사실 피히테의 학생으로 철학을 시작한 후, 자신의 고유한 체계를 구상하기 시작하면서부터 셸링은 체계의 첫 번째 부분은 자연 철학이어야 한다고 여러 군데에서 말한다. 물론 이때 셸링이 말하는 자연 철학이 무엇을 의미하는지는 자세히 살펴보아야겠지만, 일단 그의 자연 철학이 '자연'을 구성하는 이론이라고 한다면, 그의 자연 철학은 논의도 되기 전에 독단론(dogmatics)이라는 비판에 직면하게 될 것은 분명해 보인다. 왜냐하면, 자연 사물 자체를 구성한다는 것은 곧 사물 자체에 대해서는 알 수 없으며 우리가 구성할 수 있는 것은 단지 주관에 의해 받아들여진 한에서의 감각적 질료이며, 그것을 넘어서려고 하는 한 철학은 독단에 빠지게 된다는 칸트의 비판적 정신을 직접적으로 위반하는 듯이 보이기 때문이다. 문제는 셸링 또한 칸트의 철학을 잘 알고 있었을 뿐만 아니라 심지어 자신의 작업은 칸트가 미완으로 남긴 체계로서의 철학을 완성하는 것이라고 말하고 있다는 점이다.[1] 이렇게 볼 때, 셸링이 '자연'을 구성하는 이론으로서의 자연 철학을 주장한다면, 무엇인가 그를 위한 변호가 필요해 보인다.

우선 셸링이 왜 자신의 체계의 첫 번째 부분은 자연 철학이어야 하며, 그때 자연 철학은 자연 사물 자체를 구성하는 것이라고 주장했던 것인지를 이해하려면, 16~17세기에 형성된 자연 개념이 어떤 것인지 그리고 그러한 자연 개념에 기초한 칸트의 비판 철학의 이념이 갖는 의미는 무엇인지부터 고찰해야 한다.

17세기 자연 개념이 형성되는 데 있어서 가장 중요한 것은 목적론, 즉 자연을 '아직 존재하지 않는 형상들을 실현하려는 경향이나 노력이 충만해 있는 것'으로 이해하는 이론에 대한 비판이었다. 물론 이와 같은 목적론 비판은 이미 16세기 중반 지동설을 주장한 코페르니쿠스로부터 시작된다. 코페르니쿠스 이론이 갖는 중요한 의미는 우리가 일상적으로 생각하듯이 그렇게 세계의 중심이 지구에서 태양으로 옮겨 갔다는 데 있는 것이 아니라 물질 세계에는 중심이 없다는 것이다. 좀 더 넓게 우주적 지평에서 본다면 태양 또한 은하의 주변에 불과할 것이기 때문이다. 만일 물질 세계에 중심이 없다면 그다음에 이어지는 것은 세계를 구성하는 원소들은 어떠한 존재론적 차이도 지니지 않는다는 점이다. 다시 말해 항성(恒)들은 아리스토텔레스가 주장하듯이 그렇게 신적인 어떤 물질로 이루어진 것이 아니라 우리의 지구와 동질적인 것이며 그 구성 요소도 같은 것이 된다는 점이다. 결국 물질 세계의 구성 요소들 간의 질적인 차이가 소멸된다면, 물질은 질적으로는 단일하므로 그들 간의 구별이 생길 경우 그것은 단지 양적인 것이라는 점이 코페르니쿠스의 이론으로부터 주어지는 결론이 된다.

물질 간의 차이와 구별이 양적인 것이라는 이러한 생각은 갈릴레오 갈릴레이에 의해 보다 심화된다. 갈릴레오에 따르면 우주는 양에 관한 학문인 수학적 언어로 적혀 있는 책이며, 자연의 진리는 수학적인 사실들로 이루어진다. 다시 말해, 우주는 삼각형, 원 등의 기하학적 형상들이므로 자연에 실재하는 모든 것은 측량 가능해진다는 것이다. 색깔이나 소리에서 느껴지는 질적인 차이는 단지 일정한 자연 사물들이 우리의 감각 기관에 작용할 때 우리 내부에 변형되어 산출된 것일 뿐 실재 세계의 구조 속에 위치한 것이 아니다. 갈릴레오는 그러한 차이를 사물들의 제2성질들로서 제1성질로부터 파생된 것이며 객관적인 존재를 결핍하는 것으로 간주한다.

물론 갈릴레오가 사물들의 질적인 차이를 실재하지 않는 것으로 간주했다고 해서 그가 종교적인 의미의 신이나 정신을 부정한 것은 아니다. 오히려 그는 신이나 정신은 측정 가능한 사물 밖 그 어딘가

9장 절대적 관념론, 자연의 신비를 벗기다

에 위치해야 한다고 생각했다. 그 결과 창조자 신과 인식하는 인간 정신은 세계의 반대편에 있게 된다. 다시 말해 신과 정신은 양적 자연의 영역으로부터 분리되어 초월적인 영역에 있게 된다. 그리고 목적이며 유기적인 신과 정신이 배제된 자연은 비활성적인 물질로서 움직이기 위해서 자기 외부에 작용인을 가질 수밖에 없게 된다. 이러한 생각은 결국 자연을 기계로 그리고 그러한 자연의 변화 과정은 목적인에 의해서가 아니라 단지 작용인에 의해 이끌리는 것으로 이해하게 만든다. 문제는 이때 자연으로부터 배제된 두 개념, 즉 질과 합목적적 정신(mind)이 자연과 어떤 관계에 있을 수 있는가 하는 점이다. 이 문제는 갈릴레오 이후 데카르트를 거쳐 현대에 이르기까지 해결할 수 없는 난제로 남게 된다.

우선 데카르트에 따르면, 세계는 물질과 정신이라는 두 가지 실체로 이루어졌을 뿐만 아니라 그 둘 사이의 근원적인 관계는 존재하지 않는다. 하지만 그 둘의 관계는 어떤 방식으로든 설명되어야 한다. 이러한 근거에서 로크는 사물에 대한 인식을 제1성질과 제2성질로 구분한다. 왜냐하면 사물의 실재적인 것은 그 사물이 어떤 상태에 있더라도 변하지 않는 것으로서 형태, 크기, 고체성, 수 등의 1차적인 성질들이라면 색깔, 냄새, 맛과 같은 질적인 특성을 지니는 것은 제2성질로서 주관의 변양(變樣)일 뿐이기 때문이다. 로크의 이러한 생각은 칸트에게 이어질 뿐만 아니라 더 나아가 그로 하여금 자연 과학의 대상은 무엇이어야 하며, 자연 철학은 자연 과학에 대해 어떤 역할을 해야 하는지에 대한 논의로 나아가도록 한다.

3. 칸트의 자연 철학

칸트에 따르면 자연 사물을 고찰하는 이론이 학문, 즉 '자연 과학'이 되려면 두 가지 조건을 충족시켜야 한다. 첫째, 수학이 적용될 수 있어야 하며, 둘째, 그 인식들의 필연성을 보증해 줄 수 있는 원리가 있어야 한다. 우선 여기서 우리의 이목을 끄는 것은 수학의 원리가 적용될 수 있어야 한다는 것이 학문의 기준으로서 제시된다는 점이다. 왜냐하면, 그것은 결국 시간과 공간이라는 양에 따라 구성될 수 있는 것만이 자연 과학의 대상이 될 수 있다는 것을 의미하는 것으로 철저하게 갈릴레오 이후 형성된 17세기의 자연 개념에 바탕을 둔 것이기 때문이다. 특히 칸트에게 자연 철학과 관련해서 의미 있는 것은 두 번째 조건이다.

그에 따르면, 선천적인 인식만이 필연적인 인식일 수 있다. 그렇다면 자연 과학이 필연적 인식의 체계가 되기 위해서는 단순히 경험에만 의존하는 것이 아니라 그 원리로서 선천적인 것이 요구되어야 한다. 칸트는 경험적 인식에 필연성을 제공하는 이러한 원리를 『순수 이성 비판』에서 제시한다. 다시 말해 경험적 고찰을 통해 얻은 개념들이 지성 범주의 체계에 따라 재구성될 때, 그 개념들은 필연성을 갖는다는 것이다. 이때 경험을 통해 얻어진 개념들을 범주에 따라 재구성하는 것이 바로 자연 철학의 과제가 된다. 이렇게 본다면, 칸트에게 있어서 자연 철학이란 자연에 대한 직접적인 탐구가 아니라 일차적으로 주어진 개념들을 지성 개념들에 따라 재구성하는 것이라 할 수 있다.

자연 철학에 대한 칸트의 이러한 견해는 오늘날까지 이어진다. 왜냐하면 오늘날 자연 철학이란 일반적으로 '과학 철학(philosophy of science)' 혹은 '학문 이론(Wissenschaftstheorie)'으로 불리게 되는데, 이러한 것들은 자연 자체를 직접적으로 대상으로 하는 것이 아니라 자연을 직접적으로 고찰하는 자연 과학에 대한 메타 이론 혹은 인식론으로서, 자연 과학의 방법이나 기본 개념을 분석하는 것을 과제로 하기 때문이다. 이렇게 볼 때, 자연 자체를 구성하는 이론으로서의 셸링의 자연 철학은 시대착오적인 것으로 보일 뿐만 아니라 독단론으로 비치게 된다. 하지만 셸링의 입장에서 본다면 자연 철학에 대한 칸트의 생각은 근본적으로 잘못 이해된 자연과 인간의 개념에 근거하는 것이며 그렇기 때문에 수정되어야 한다. 즉 인간은 자연 밖에서 자연을 단지 인식하거나 실천적으로 사용하는 존재가 아니라 자연의 한 부분으로서 자연으로부터 성장하고 자연으로 돌아가게 되는 존재이며 그렇기 때문에 인간의 합목적성은 곧 자연의 합목적성임에도 불구하고 철저하게 인간을 자연 밖에 두는 생각은 수정되어야 한다.

자연을 단지 외부적 작용인에 따라 고찰하는 고전 역학에 기초를 둔 칸트적 자연 이해의 보다 큰 문제는 자연 사물을 제대로 이해할 수 없다는 점뿐만 아니라 전체로서의 자연에 대한 학문을 구축할 수도 없다는 점에 놓인다. 물론 이러한 문제는 칸트 스스로도 잘 알고 있다. 따라서 칸트는 자연 자체를 온전히 이해하기 위해서는 합목적성이라는 개념을 받아들여야 한다는 것을 『판단력 비판』에서 제시한다. 왜냐하면 자연 사물을 그 자체로 온전히 이해하려면 그러한 사물이 왜 그렇게 있는지 뿐만 아니라 그러한 사물들이 하나의 합목적적인 체계 속에 있는 것으로 상정할 때만이 체계로서의 학(學)이 가능해질 수 있기 때문이다. 칸트에 따르면, 하나의 자연 사물을 이해한다는 것은 그 사물의 인과 관계뿐만 아니라 "현실성의 근거"[2]를 이해해야 한다. 이때 "현실성의 근거"란 다름 아닌 그 사물이 존재하는 '목적' 이외에 다른 것이 아니다.[3] 따라서 자연에 대한 이해는 기계론적 이해와 목적론적 이해가 결합할 때 온전해질 수 있다.

문제는 기계론적 관점 속에서는 합목적성이 주어질 수는 없다는 점이다. 따라서 칸트는 이러한 딜레마를 해결하기 위해 자연을 고찰하는 우리의 인식 능력을 구분한다. 즉 자연 과학의 대상인 자연 사물 자체는 어떤 목적성도 지니지 않지만 우리는 그 사물이 합목적성을 지닐 뿐만 아니라 합목적적 체계 속에 있는 것처럼 생각한다는 것이다. 그는 이것을 다음과 같이 표현한다.

'우리에 대해' 궁극 목적인 것과 관련해 …… (원리를) 객관적 규정적 판단력에 대해서가 아니라 반성적 판단력에 대해서 타당한 것으로 상정할 수 있을 뿐이다. 그러나 실천적인 것이 문제가 될 때는 …… 그러한 '규제적' 원리는 동시에 '구성적', 다시 말해 실천적으로 규정적이다. 그에 비해 바로 동일한 원리가 사물들의 객관적 가능성을 판정하는 원리로서는 결코 이론적-규정적 …… 원리가 아니라 반성적 판단력에 대한 한낱 '규제적'인 원리이다.[4]

4. 자연에 대한 셸링의 관점:『자연 철학의 이념』

셸링의 자연 철학이 출현하게 되는 배경은 칸트의 자연 철학에 대한 설명으로부터 주어진다. 그것은 다름 아닌 자연을 양으로 환원되는 물질로 간주하는 것에 대한 거부와 합목적성을 결여한 단순히 인과적 연관 속에서만 이해될 수 있는 사물로 이해하는 것에 대한 비판이다. 앞서 이야기했듯이 갈릴레오의 자연관 속에서 신이나 정신은 자연의 밖이나 그 반대편에 놓여야 했다. 이러한 생각을 이어받은 칸트는 자연이란 단지 반성하는 우리에게 현상으로 주어지는 한에서 규정될 수 있는 것일 뿐 그 자체는 우리에 대해 알 수 없는 것이라고 말한다. 이 경우 자연에 대한 인간의 관계는 단지 인간이 실천적으로 자신의 자유를 실현하고자 할 때 그 매체로 사용될 수 있을 뿐이다.

셸링이 볼 때, 이러한 자연 이해는 근본적으로 잘못된 것이다. 왜냐하면, 인간은 그 탄생에서부터 자연의 일부분일 뿐만 아니라 자연에 대한 반성 또한 자연과 합일하기 위한 것이기 때문이다. 그렇게 본다면, 자연에 대한 인간의 인식은 자연의 자기 인식이며, 인간의 합목적성은 자연 자체의 합목적성이 된다. 그는 다음과 같이 말한다. "자연과 자연에 관한 경험은 어떻게 가능한가? …… 이런 물음을 던지기 전에 이미 인간은 (철학적인) 자연 상태에 살고 있었다. 그때 인간은 여전히 자기 자신과 자신을 둘러싼 세계와 합일되어 있었다."[5] 이러한 상태 속에서 인간이 자연에 대해 물음을 던지면서부터, 즉 반성하면서부터 인간은 자연으로부터 분리되며 철학은 시작된다. 하지만

"진정한 철학은 반성에 대해 오직 소극적 가치만을 부여한다. 철학은 근원적 분리에서 출발하지만, 이것은 오직 인간 정신 안에 본래 필연적으로 통합되어 있었던 것을 (반성적으로 분리한 후) 자유에 의해 다시 통합시키기 위해서, 즉 그 분리를 영원히 지양하기 위해서일 뿐이다."[6] 그렇기 때문에 "단순한 반성은 인간이 갖는 일종의 병"이며, 그러한 반성에 근거하는 "철학은 필연적 악"이다.[7] 이렇게 볼 때, 유기체로서의 자연 혹은 생명으로서의 자연을 회복시키려는 셸링의 자연 철학은 쇼펜하우어, 니체, 베르그송 등의 철학으로 대변되는 '생철학'의 선구라고도 할 수 있다.

철학사적으로 볼 때, 셸링 자연 철학의 출발은 절대적 자아에 대한 자연의 독립성을 부정하는 피히테의 지식학에 대한 비판으로부터 시작된다. 셸링이 볼 때, 자연을 자아의 무의식적 활동으로 환원하는 피히테의 지식학에서는 자연이 완전히 소멸된다. 자연이 추상적인 비아(非我, Nicht-Ich)로 전락하기 때문이다. 하지만 자연은 우리가 인식하기 이전에 이미 거기에 항상 있어 왔다. 그렇기 때문에 건전한 이론이라면 인간에 대한 자연의 절대적 독립성을 인정해야 한다. 하지만 자연이 우리에게 절대적으로 독립적이라면 다음과 같은 인식론적 물음이 제기된다. 즉 자연에 대한 "우리 안의 표상은 어떻게 가능한가?"[8] 혹은 "대상과 표상이 우리 안에서 뗄 수 없게 통합되어 있다는 것이 어떻게 가능한가?"[9]

이 물음은 우리가 외적 사물에 대한 표상을 가질 수 있는가 아닌가를 묻는 것이 아니라 현실적으로 표상이 우리에게 있는데 그러한 현실이 어떻게 가능한가를 묻는다. 다시 말해, "우리 외부의 원인과 결과라는 연속의 표상이 마치 그것이 정신의 존재와 본질에 속하기라도 하는 것처럼 우리의 정신에 필연적이라는 것은 부정할 수 없는 사실"[10]이라고 할 때, 필연적인 인과 관계 속에 있는 자연 사물에 대한 표상이 어떻게 자유로운 정신 속에 있을 수 있는가 하는 것이다. 결국 인과 계열 속의 사물과 자유로운 정신이 어떻게 통합될 수 있는가를 묻는 이 물음을 통해 셸링은 근대의 과학주의를 비판하고자 한다. 왜냐하면, 자연은 기계적이고 인과적인 반면, 정신은 합목적적 존재로서 자연 사물 외부에 위치한다고 생각하는 17세기 자연 이해는 결코 이 물음에 대한 답을 줄 수 없을 것이기 때문이다.

5. 기계론이나 독단론 혹은 현상주의에 대한 비판

우선 자연을 추상화된 물질로 간주하는 기계론이나 "모든 것을 우리 외부에 현존하는 것으로 전제하는" 독단론의 입장에서는 이 물음에 대해 사물이 표상의 원인(인과적 연관)이라고 대답할 수 있다. 다시 말해 대상과 표상을 원인과 결과의 관계로 설명하는 것이다. 하지만 셸링이 볼 때, 그러한 생각은 결코 이 물음에 대한 답이 될 수 없다. 왜냐하면, "내가 이 물음을 던질 능력이 있다는 사실이 곧 내가 그런 능력을 가진 자로서 외부 사물로부터 독립적이라는 것을 충분히 증명해"[11] 줄 뿐만 아니라, "내가 이 물음을 제기할 때 나는 이미 나 자신을 그런 인과 법칙 너머로 고양한 것"[12]이기 때문이다. 다시 말해 이 물음을 던지는 한, 나는 이미 인과적 흐름 안에 있는 것이 아니라 그 흐름을 벗어나 있는 것인데, 그 벗어나 있는 나와 대상의 관계를 인과적 흐름으로 설명하는 것은 잘못된 것이기 때문이다.

이것은 사물에 대한 표상을 감각으로 이해할 때도 마찬가지이다. 우리는 감각되는 것을 성질이라고 부르며, 물질은 일반적으로 성질을 갖는다고 생각한다. 하지만 문제는 그 성질이 어떻게 우리의 정신에 영향을 미치는가이다. 왜냐하면 우리의 정신이란 망막의 상이나 혀끝의 맛을 바라보면서 그것이 어떻게 영혼 안에 나타나는지를 탐구하는 자로서 외적 인상으로부터는 완전히 독립적이지만, 그럼에도 그 인상에 대해 모르는 것이 없는 그런 어떤 것이기 때문이다. 이와 같은 논의 속에서 드러나는 것은 갈릴레오와 그 후계자 데카르트에 의해 제시된 기계와 정신의 이분법이나 로크식의 제2성질로 인상을 설명하는 방법은 정신이 자연 사물을 표상하는 것이 어떻게 가능한지를 설명할 수 없다는 점이다.

6. 칸트의 사물 자체 비판

이러한 상황 속에서 칸트의 설명은 표상의 문제를 해결할 수 있는 유일한 방법인 듯이 보인다. 즉 인과적 계열 속에 있는 사물과 자유로우면서 합목적적인 정신은 서로 다른 영역에 속할 뿐 결코 원인과 결과의 관계에 있지 않다. 그렇기 때문에 자유로운 정신이 갖게 되는 표상은 정신 스스로가 사물에게 부여한 내용으로서의 현상일 뿐 사물

자체와는 관계가 없다는 것이다. 하지만 셸링이 볼 때, 우리 안의 표상의 가능성을 설명하기 위해 현상과 물자체를 구분하는 이러한 방법은 애초에 제기된 문제를 해결하는 것이 아니라 단지 뒤로 미뤄 둘 뿐이다. 왜냐하면 애초에 제기된 표상은 사물에 대한 표상이지 주관의 변형으로서의 현상은 아니기 때문이며, 표상이 사물과 구분되는 한에서 문제는 다시 처음으로 돌아오게 되기 때문이다.[13] 그렇다면 이 물음에 대한 셸링의 대답은 무엇일까? 그는 다음과 같이 말한다.

> 표상의 연속의 필연성은 우리의 자연으로부터 그리고 그러는 한 유한한 정신 일반으로부터 도출하는 것, 따라서 그런 연속이 실제로 객관적일 수 있기 위해서 물자체 역시 유한한 정신 안에서의 연속과 동시에 성립하며 발생한다고 간주하는 것 이외에 더 이상 다른 길이 없다.[14]

사물과 정신을 근본적으로 분리된 두 항으로 생각하는 한, 표상의 문제는 해결되지 않는다. 따라서 표상의 문제에 대한 해결책을 얻으려면 물질과 정신은 다른 것이 아니라 정신 안에 있는 같은 것으로 생각해야 한다는 것이다. 다시 말해 자연 사물과 정신은 하나이며 동일한 것으로 생각해야 한다는 것이다. 문제는 이때 하나이며 동일한 것이 어떻게 서로 다른 2개의 존재 방식으로 나타나게 되는 것인가 하는 점이다. 철학사적으로 보자면 바로 이 문제를 해결하려고 노력한 사람들이 있다. 그들은 다름 아닌 스피노자와 라이프니츠이다. 물론 셸링이 볼 때, 이들의 설명에는 한계가 있다.

7. 스피노자와 라이프니츠에 대한 비판

우선 스피노자에게 있어 "개념과 사물, 사고와 연장은 …… 하나이고 동일한 것이며, 그 둘은 단지 하나이며 동일한 이념적 자연의 변양들일 뿐이다."[15] 셸링이 볼 때, 스피노자의 결정적인 문제는 우리 안에서 그 둘이 어떻게 발생하는지를 설명하지 않는다는 것과 근원적으로 통합되어 있는 유한자와 무한자가 어떻게 상대로부터 나올 수 있는지를 설명하지 않는다는 데 놓인다. 다시 말해 무한자에서 유한자로의 이행이 설명되지 않는다는 것이다. 이에 반해 라이프니츠는 개체적 자연 속에서 무한자와 유한자를 통합한다. 다시 말해, 유한자와 무한자는 표상하는 존재, 즉 모나드 속에서 근원적으로 통합되어 있다. 문제는 매 순간 이러한 통합이 어떻게 가능한지를 설명하는 것이다. 물론 라이프니츠는 이러한 가능성을 예정 조화를 통해 설명한다. 하지만 전체의 연속을, 즉 "우리의 자연에 있어서의 이러한 일치를 예정 조화에 의해 설명한다는 것은 그것을 실제로 설명하지 않았다는 것을 의미한다. 왜냐하면, 예정 조화라는 말은 오직 그런 일치가 발견된다는 사실만을 말할 뿐, 왜 그리고 어떻게 그러한가를 설명해 주진 않기 때문이다."[16]

셸링이 볼 때, "정신은 자신의 존재와 인식의 절대적 자기 근거이며, 그것의 자연(Natur)에 외부 사물의 표상들의 규정된 체계가 속하게 되는 그런 존재이다." 따라서 사물에 대한 표상을 설명하는 철학은 '정신의 자연학(본성학)'이 된다. 이러한 철학은 우리 표상의 전체적인 필연적 계열이 우리 눈앞에서 발생하고 경과하도록 하기 때문에 발생적인 것이 되며, "이후로는 경험과 사변 사이에 어떤 분리도 더 이상 존재하지 않을 것이다. 자연의 체계는 동시에 우리의 정신의 체계가"[17] 된다.

8. 유기체적 자연과 그 원리로서의 생명

이처럼 '자연의 체계가 동시에 정신의 체계'라면, 그러한 체계는 자연을 오로지 유기체로 이해할 경우에만 가능하다. 왜냐하면 정신의 특성은 합목적성인데, 이러한 합목적성은 곧 자기 조직화를 의미하기 때문이다. '우리 안의 표상이 어떻게 가능한가?'라는 인식론적 물음에 대한 고찰로부터 유기체적 자연 개념으로 나아가려는 셸링은 이때 유기체적 자연 개념을 칸트가 『판단력 비판』 65절에서 서술하는 '자연 목적' 개념으로부터 도출한다. 칸트에 따르면 자연 목적이란, 첫째, 사물의 부분들이 전체와의 관계에 의해서만 가능한 것이며, 둘째, 사물의 부분들은 상호 간에 교호적으로 원인이자 결과가 됨으로써 하나의 전체로 통일된다. 물론 칸트는 이러한 자연 목적 개념을 단지 발견적인 관점에서만, 다시 말해 반성적 판단력의 규제적 원리로만 사용하고 자연 사물을 구성하는 원리로는 사용하지 않는다.

하지만 셸링은 이러한 자연 목적 개념을 단순히 자연 사물의 규제적 원리가 아닌 구성적 원리로 간주한다. 다시 말해, 합목적성에 대한 표상은 자연 사물 자체에 근거하는 것이라 생각한다. 왜냐하면,

자연 사물의 합목적성이 오직 우리와의 연관 아래서만 그런 것이라면, 우리가 왜 특정한 자연 사물에만 그러한 합목적성을 부여하며 모든 사물에 대해서는 부여하지 않는지에 대해 대답할 수 없기 때문이다. 셸링은 다음과 같이 말한다.

> 자연 전체의 이러한 절대적 합목적성은 우리가 임의적으로가 아니라 오히려 필연적으로 사유해야만 하는 이념이다. 우리는 모든 개체가 전체의 합목적성과 연관되어야만 한다고 느낀다. 우리가 자연 안에서 목적이 없거나 반목적적으로 보이는 어떤 것을 발견하게 되면, 우리는 사물의 전체 연관이 파괴되었다고 믿으며, 그 가상적 반목적성이 다른 관점에서 합목적성으로 바뀌기까지 안정을 찾지 못한다. 이와 같이 자연 어디에서든 목적과 수단의 결합을 전제하는 것은 반성적 이성의 필연적 준칙이다.[18]

그렇다면 합목적성을 통해 도출되는 유기체적 자연 개념이 지니는 가장 중요한 함의는 무엇일까? 그것은 정신적인 것과 물리적인 것 사이에 종의 구별이 아니라 단지 정도의 구별만이 존재한다는 것이다. 다시 말해, 정신과 육체는 더 이상 이질적인 실체들이 아니다. 그것들은 자연에 걸쳐 있는 단일한 생명력의 조직화와 발전의 다른 수준들일 뿐이다. 정신적인 것은 단지 물질 안에서 작용하는 생명력의 조직화와 발전의 최고 정도이며, 물질은 단지 정신 안에 존재하는 생명력의 조직화와 발전의 가장 낮은 정도일 뿐이다. 이렇게 본다면 정신이란 최고로 조직되고 발전된 물질이며 물질이란 덜 조직되고 발전된 정신이다. 이런 까닭에 셸링은 다음과 같이 말한다.

> 자연은 가시적 정신이며, 정신은 비가시적 자연이어야만 한다. 그러므로
> 우리 안의 정신과 우리 외부의 자연의 절대적 동일성 안에서만 어떻게 우
> 리 외부의 자연이 가능한가 하는 문제가 해결될 수 있다. 따라서 우리의 계
> 속되는 탐구의 궁극적 목적은 바로 이러한 자연의 이념이다.[19]

자연 자체가 이처럼 유기체라는 것은 곧 그것이 유기적 현상이든
비유기적 현상이든 상관없이 모든 자연 현상은 전체 유기체의 부분
임을 의미한다. 특히 셸링은 유기체적 자연 개념의 원리를 '생명'으로
간주하는데, 그에 따르면, "생명에는 우리가 물질 자체로부터는 더
이상 설명할 수 없는 보다 더 상위의 원리, 즉 모든 개별적 운동들을
정리하고 종합하며 그렇게 함으로써 서로를 산출하고 재산출하여
상호 일치하는 운동의 다양성으로부터 비로소 전체를 창조하고 산
출하는 원리가 속한다."[20] 이러한 생명 속에서 자연과 자유의 절대적
통일이 이루어질 뿐만 아니라 자연과 정신은 결코 분리됨이 없이 가
장 내적으로 통합된다. 따라서 생명이란 특정한 자연 사물에 묶여 있
는 것이 아니라 오히려 우주 전체의 본질로 간주된다.

이때 주의해야 할 것은 생명의 원리를 전통적으로 이해했듯이 그
렇게 정신으로 간주하고 이 정신을 물질과 구분하는 이원론적인 태
도이다. 왜냐하면 "우리가 이런 이원론을 고수한다면, 우리는 결국
우리가 출발하면서 가졌던 대립, 즉 정신과 물질의 대립에 다시 가까

워"[21]지기 때문이다. 물론 셸링이 자연 자체를 유기체로 이해할 때, 유기체 개념을 역학 개념 위에 놓지만 그렇다고 해서 유기체가 역학 과정의 결과로 성립되는 것으로 보지는 않는다. 오히려 생명은 역학 과정의 전제이며 토대이다. 이런 까닭에 그는 "자연은 그 자체 필연적 이고 근원적으로 우리의 정신의 법칙을 표현할 뿐만 아니라 또 스스 로 그 법칙을 실현하고 나아가 자연이 그 법칙을 실현하는 한에서만 자연은 자연이 되며 또 자연이라고 불릴 수 있는 것"이라고 말한다. 이러한 이유에서 셸링은 자연 철학의 전체 관점을 다음과 같이 정리 한다.

> 자연 철학의 출발점이 되는 전체는 절대적 관념론이다. 자연 철학은 관념 론이 절대적 관념론으로 이해되는 한, 관념론에 선행하지 않으며, 또 어떤 방식으로든 관념론에 대립되지도 않는다. 그러나 관념론이 상대적으로 이 해되는 한, 자연 철학은 관념론에 선행하며 그것에 대립된다. 왜냐하면 상 대적 관념론 자체가 절대적 인식 행위의 오직 한 측면만을 포괄하는데, 그 한 측면은 또 다른 한 측면이 없이는 사유 불가능하기 때문이다.[22]

9. 자연 철학이 남기는 문제:
『인간 자유의 본질』

생명과 정신을 자연의 바깥에 두는 이원론과 그것을 운동하는 물 질로 환원하는 기계론적 유물론에 저항해서 자연을 유기체로 이해하는 셸링에게 남겨지는 과제는 인간의 자유의 문제이다. 왜냐하면 당시까지 인간의 자유에 대한 논의는 칸트와 피히테에 의해 전개되었는데, 이들에 따르면, 자기 규정으로서의 인간의 자유는 전적으로 자연과 분리된 혹은 자연을 무화한 정신의 자유를 의미했기 때문이다. 그렇다면 유기체적 자연 개념 속에서 자연과 정신은 분리되지 않을 뿐만 아니라 모든 것이 자연 법칙에서 어긋나지 않는다면 인간의 자유는 어떻게 설명될 수 있는 것일까? 물론 이때 자유란 자기 원인으로서의 스피노자적 실체의 신적 자유, 즉 자연은 자신의 본성의 필연성으로부터 행동한다는 의미에서의 자유뿐만 아니라 반성적 사유와 더불어 철학을 시작하는 인간의 자유 또한 의미한다. 따라서 유기체적 자연의 체계 내에서 인간의 자유의 가능성을 설명하는 것은 자연의 체계 전체를 어떻게 자유의 체계로 이해하면서도 동시에 그 정점에 놓이는 인간의 자유가 설명될 수 있는가의 문제가 된다. 이처럼 인간은 어떻게 자연의 한 부분인 동시에 자유로울 수 있는가 하는 문제에 직면한 셸링은 자연 철학 이후 몇 년간의 침묵을 깨고 1806년 『인간 자유의 본질』을 출간하면서 그 「서문」에서 다음과 같이 말한다.

저자는 그의 체계에 관한 처음의 일반적 서술 이후에 자연 철학적 탐구에만 제한적으로 몰두해 왔기 때문에 철학의 이념적 부분의 개념을 철저하게 규정적으로 논하는 것은 현재의 이 글이 첫 번째 시도이며, 만일 첫 번째 시도가 중요하다면 그것은 우선 그 대상의 본성에 따라 지금까지의 어떤 부분적인 서술들보다도 이미 체계 전체에 대해 더 깊은 해명을 담고 있는 것으로 간주되어야만 할 것이다.[23]

이광모(숙명 여자 대학교 교수)

절대 정신,
자연의 거울에 자신을 비추다

헤겔의 『엔치클로패디』

Georg Wilhelm Friedrich Hegel, 1770~1831

학생들을 가르치는 헤겔.

1. 헤겔의 삶과 절대 정신의
실현 과정으로서의 자연

헤겔은 1770년 독일 슈투트가르트에서 태어났다. 1788년부터 1793년까지 튀빙겐 대학교 신학 대학에서 철학과 신학을 공부하는데, 이 시기에 그는 자신의 사상에 큰 영향을 끼친 횔덜린과 셸링을 만나게 된다. 헤겔은 2년 만에 철학 과정을 이수하고 마기스터 (magister)[1] 학위를 취득하고 3년 동안 신학을 공부한 다음 슈투트가르트 종교국 신학 시험에 합격한다. 1793년에는 스위스 베른에서 가정교사 자리를 얻게 되는데, 여기서 헤겔은 철학과 종교 이론뿐만이 아니라 정치 경제학 등 다양한 이론들을 섭렵해 나갔다. 그 후 1797년에 프랑크푸르트에서 가정 교사를 하면서 헤겔은 그의 청년기 신학 논문들을 집필하는데, 헤겔의 종교 이론은 종교적인 의미뿐만이 아니라 정치적인 의미도 함축하고 있다. 1801년에 헤겔은 셸링의 도움으로 예나 대학교에서 교수 자격을 취득하게 된다. 그는 예나 대학교에서 가르치면서 셸링과 함께《비판적 철학 잡지(*Das Kritische Journal der Philosophie*)》를 발간하고 헤겔 사상의 근간을 이루는 많은 글을 기고하며, 1807년에는 그의 첫 주저인『정신 현상학(*Phänomenologie des Geistes*)』을 출판한다. 그때 나폴레옹은 예나 전투에서 프러시아 군대를 물리치고 예나에 입성했다. 1808년과 1816년 사이에 헤겔은 뉘른베르크에서 김나지움 교장을 역임했고 방대한 저서인『대논리학 (*Wissenschaft der Logik*)』과『철학적 학문의 백과사전 강요(*Enzyklopädie der philosophischen Wissenschaften im Grundrisse*)』(이하『엔치클로패디』)를 완성한다. 1816년에는 하이델베르크 대학교 교수로 임용되고, 1818년에는 베를린 대학교 교수로 취임한다. 헤겔은 베를린 대학교의 자유로운 학풍을 높게 평가했고, 자유 이념의 실현을 중심 사상으로 삼는『법철학 강요(*Grundlinien der Philosophie des Rechts*)』를 1821년에 출간한다. 그리고 1829년에 베를린 대학교 총장직을 맡게 되고 1831년 베를린에서 생을 마감한다.[2]

헤겔은 칸트 철학 전통을 비판적으로 계승했고, 피히테, 셸링, 횔덜린과 더불어 독일 관념론을 체계화한 중요한 철학자 중의 한 사람이다. '헤겔'이라는 이름을 들을 때 사람들이 가장 많이 떠올리는 개념은 '절대 정신'과 '변증법'일 것이다. 헤겔의 '절대 정신' 개념은 사실 칸트가 말하는 "스스로 시작하면서 자신의 원인이 되는 우주론적 자유 개념" 또는 자유로서의 신적 정신으로 규정될 수 있다. 헤겔은 전통으로부터 이어져 내려온 우주론적 자유 개념, 즉 절대 정신의 본질이 무엇이고 또한 자유가 근대에 이르러 어떻게 우리의 세계 속에서 실현되는지의 문제에 주목한다. 그리고 이 자유 개념이 실현되는 과정이 바로 변증법적 과정인데, 우리가 고찰하고자 하는 헤겔의 '자연 철학' 역시 이러한 자유 개념으로서의 절대 정신이 실현되는 과정의 한 단계로 이해되어야 한다.

2. 헤겔 자연 철학의 과제와 이념

우리는 먼저 헤겔의 자연 철학이 헤겔 철학의 체계 내에서 어떤 위치를 점하고 있고, 또한 헤겔이 의미하는 바의 자연 철학이 무엇인지를 해명해야 한다. 헤겔은 자연 철학을 자신의 강의록인 『엔치클로패디』의 2부에서 다루고 있다. 『엔치클로패디』는 헤겔 철학의 전체 체계 구성을 보여 주는 저서로서 3부로 구성되어 있다. 이 저서의 1부는 「논리학」, 2부는 「자연 철학」 그리고 3부는 「정신 철학」이다. 이 구성을 자세히 살펴보면, 헤겔에서 자연 철학은 논리학과 정신 철학 사이에 위치해 있으면서 이 두 철학을 매개하고 있다고 볼 수 있다. 일반적으로 자연 철학은 사유의 규정들을 다루는 논리학이나 의식과 정신의 활동을 다루는 정신 철학과 명확하게 구분된다. 그런데 이러한 일반적인 이해와 달리 헤겔은 자연 철학을 논리학과 정신 철학을 매개하는 중간에 위치시킴으로써 자신의 고유한 자연 철학을 확립한다.

헤겔이 확립하고자 하는 자연 철학은 자연이 함축하고 있는 '철학적 개념'을 찾는 작업이다. 더 나아가 그는 '자연'을 '절대 정신' 또는 '절대 이념'의 외화 형태라고 규정함으로써 자연 철학을 자신의 사변 철학이나 절대 관념론의 일부로 간주한다. 따라서 『엔치클로패디』에서 다루어지는 논리학, 자연 철학 그리고 정신 철학은 헤겔 철학의 핵심 개념인 절대 정신 혹은 절대 이념(absolute Idee)의 세 발전 단계를 반영하고 있다. 이와 관련해 헤겔은 자연 철학의 목적을 다음과 같이 기술한다.

> 신에게는 두 종류의 계시가 있다. 자연으로서의 계시와 정신으로서의 계시가 그것이다. …… 신은 타자와의 통일 속에서, 즉 정신 안에서 비로소 주관이다. 정신의 자신의 고유한 본질, 다시 말하면 개념을 자연 안에서 발견하고 자신의 정신이 모상을 자연 안에서 발견하는 것, 이것이 자연 철학의 규정이자 목적이다. 자연 연구는 자연 안에서의 정신의 해방이다. …… 자연은 자체적으로 이성이다.[3]

이 인용문에서 볼 때, 자연은 그 자체로 이성으로 이해되는데, 더 자세히 말하면 타자 존재로 드러난 이성 또는 이성적 개념이다. 그리고 이성적 개념은 헤겔에서 이념(Idee)으로 지칭되기도 한다. 그런데 여기서 언급된 이성 또는 이념은 스피노자에서와 같이 신적 이성 또는 신적 이념을 의미한다. 헤겔은 자연 철학의 규정과 목적을 스피노자가 강조했던 바의 자연 안에서의 신적 이성 또는 신적 이념의 발견에서 찾고 있다.

이러한 자연 철학의 규정을 통해 우리는 헤겔의 자연 철학이 당시 자연 과학과 차별화됨을 알 수 있다. 특히 자연을 단순한 물질의 세계로 파악하면서 신적 이성 또는 이념의 세계와 이분법적으로 구분하는 기계론적인 자연 탐구에 익숙한 사람에게는 이러한 헤겔의 자연에 관한 규정은 매우 낯설게 느껴질 것이다. 헤겔은 통상적인 자연 과학과 자신의 자연 철학을 구별한다. 헤겔에 따르면, 통상적인 자연 과학은 자연의 사물들을 양적인 관점과 기계론적인 인과율 속에서만 다루기 때문에, 사물들의 관계가 단지 형식적이고 추상적인 법칙으로만 표현된다. 이러한 자연 과학의 예로 헤겔은 뉴턴의 기계론적인 사유를 들고 있다. 이와 달리 헤겔의 자연 철학은 기계론적인 자연관을 넘어서서 자연을 총체적인 관점에서 파악하고 자연의 목적을 이루는 신적 이념 혹은 개념을 자연 안에서 찾고자 하는 과제를 설정한다. 헤겔의 이러한 시도는 자연의 최종 목적을 탐구하는 목적론적 자연관을 전복시킨 근대 과학의 기계론적인 자연관을 다시 목적론적 자연관과 화해시키려는 시도이다. 헤겔은 자연에 대한 두 가지 사유 방식의 통합을 꾀하며, 더 나아가 자연을 그리스의 퓌지스 개념이나 스피노자의 능산적 자연 개념에까지 확장하고자 한다. 이러한 관점에서 볼 때 헤겔의 자연 철학은 기계론적인 자연의 이면에 있는 가장 내적인 원리가 어떻게 자연 속에서 작용하고 현상하는지를 탐구하는 것이다.[4]

헤겔의 자연 철학은 수학적 정식을 통해 접근되는 뉴턴이나 칸트의 자연 철학과는 엄격히 구분되며, 오히려 자연을 거대한 하나의 유기체로 상정하는 괴테나 셸링의 자연관의 전통에 속해 있다. 헤겔 역시 셸링과 마찬가지로 자연을 하나의 거대한 유기체로 간주한다. "정신은 생명과 자연에서 보편적 연관을 느낄 수 있다. 정신은 우주를 유기적 전체로, 이성적 총체성으로 예감하고 있으며, 마찬가지로 개별적 생명체 속에서 제 자신의 내밀한 통일을 느끼기도 한다."[5] 이 인용문에서 볼 때 우리는 헤겔의 자연 철학을 이해하기 위해서는 유기체로서의 자연 그리고 이 자연의 내적인 원리로서의 정신, 더 자세히 말해 신적 정신을 파악해야 함을 알 수 있다. 헤겔은 자연 철학의 과제를 설명함에 있어 자연 자체의 각 단계 속에 어떻게 이념 혹은 신적 정신이 현존해 있는지를 고찰해야 한다고 역설하며, 신은 다름 아닌 "주체성이자 활동성이고 무한한 활동력"이라고 규정한다.

헤겔에서 절대 정신 혹은 신적 정신의 본질은 무한한 활동력에 있다. 그런데 무한한 활동력은 앞에서 언급된 칸트의 '스스로 시작하는 우주론적 자유 개념'과 다르지 않다. 무한한 활동력으로서의 자유 혹은 정신은 스스로의 운동을 통해 자연을 자신의 타자로 산출하며, 여기서 자연은 절대 정신의 외화 형태로 있다. 그렇기 때문에 자연의 각 단계는 자신의 내적 본질로서의 정신 또는 이념을 반영하고 있다. 이는 달리 표현하면, 정신이나 이념은 자연의 각 단계 속에서 자신을 현상한다. 이러한 관점에서 자연의 운동은 정신이나 이념의 자기 전개 과정으로 이해된다. 이에 관해 헤겔은 다음과 같이 말한다. "신적 이념은 주체성과 정신이 되기 위해 이 타자를 자신 바깥으로 내보냈다가 다시 자신 안으로 되가져오기로 결단하는 바로 그러한 것이다. 자연 철학은 자체가 이러한 귀환의 길 중 하나다. 왜냐하면 자연 철학은 자연과 정신의 분열을 지양하고 정신이 자연에서 자신의 본질을 인식할 수 있도록 해 주는 것이기 때문이다. 이것이 전체에서 차지하는 자연의 지위다. 자연의 규정성은 이념이 자기 자신을 규정하고 구별을 자신 안에 정립하며 타자를 정립한다는 것이다."[6]

자연의 운동이 이처럼 이념의 자기 전개 과정으로 이해되기 때문에 자연은 여러 단계로 이루어진 하나의 '체계' 속에서 고찰되어야 한다. 이 체계 속에서 근대의 기계론적인 자연과 목적론적인 자연은 더이상 분리되지 않고 하나로 통합된다. 이러한 논의를 통해 우리는 헤겔의 자연 철학이 뉴턴과 칸트의 기계론적인 자연관과는 근본적으로 다르다는 사실을 알 수 있다. 더 나아가 자연을 목적론적으로 이해할 때 우리는 자연의 운동이 완결되는 곳에서 정신의 탄생을 보게될 것이다.

3. 헤겔 자연 철학의 구조와 내용

헤겔의 자연 철학은 고전 물리학, 전자기 이론, 열역학과 유체 역학, 행성 운동 이론, 화학과 생물학 이론 같은 방대한 자연 과학적 논의를 다루고 있다. 그런데 흥미로운 사실은 그의 자연 철학이 특히 수학적이고 분석적인 방법론에 기초하지 않았기 때문에 당시 엄밀한 의미에서의 자연 철학으로 받아들여지지 않았던 괴테 이론에 큰 영향을 받았다는 점이다. 헤겔의 견해에 따르면, 자연을 살아 있는 하나의 거대한 체계로 사유하고, 더 나아가 자연 철학에서 인간의 매개를 강조했던 괴테의 사상은 그 어떤 자연 과학 이론보다 자연의 총체적 본질을 파악하고 있는 사상이다. 이제 우리는 헤겔의 자연에 관한 구체적인 논의를 살펴보면서 자연이 어떻게 자신의 운동을 통해서 정신으로 이행하는지를 고찰하고자 한다. 헤겔의 『엔치클로패디』 2부인 「자연 철학」은 크게 역학, 물리학 그리고 유기 물리학으로 구성되어 있다. 역학에서 유기 물리학으로 이행하는 과정은 기계론적인 자연에서 유기체적이고 목적론적인 자연으로의 이행을 보여 주며, 이는 달리 표현하면, 이념이 스스로의 힘을 통해 자신을 구현해 나가는 변증법적 과정으로도 파악될 수 있다. 이를 통해 헤겔은 기계론과 목적론의 이분법으로부터 벗어난 총체적인 자연 개념을 확립하고자 하며, 더 나아가 자연에서 정신으로의 이행의 토대를 마련한다.

「자연 철학」 1편인 역학에서는 먼저 공간과 시간과 더불어 궁극적으로 물질의 운동을 다루는 유한 역학이 분석되며, 마지막으로 절대 역학이 논의된다. 역학의 기본 주제는 서로 내적으로 통일되지 않고 상호 외재적으로만 병존하는 사물들의 관계를 규명하는 것이다. 이 관계에 대한 탐구는 먼저 시간과 공간에 대한 논의로 시작된다. 사물들의 총체로 이해되는 자연은 먼저 양적인 것으로서 이해되며, 그 출발점이 바로 공간이다. 공간은 연속적이며, 공간 속에서 사물들은 질적으로 구별되지 않고 다만 공간적 '여기'로 파악될 뿐이다. 헤겔은 "'여기'들은 다른 '여기'와 서로 침범하는 일 없이 나란히 존재하는 일자다."[7]라고 말한다. 이와 달리 시간은 '외자 존재의 부정적 통일'로 규정된다. 헤겔은 "시간은 있으면서 있지 않고 있지 않으면서 있는 존재다."[8]라고 설명하면서 시간은 '순간적 구별' 또는 '자신에 외면적 구별'이라고 말한다. 다시 말해, 우리가 '지금'이라고 말하는 순간 더 이상 '지금'이 아니다. 그런데 다른 한편에서 시간은 '지금'의 연속이다. 그렇기 때문에 시간은 자신을 순간적으로 구별하며 동시에 그 구별을 부정하고 다시 구별을 만들어 낸다. 헤겔의 시간과 공간에 대한 논의는 칸트의 아프리오리한 시간과 공간 개념을 전제로 하고 있다. 칸트에서처럼 헤겔에서도 시간과 공간은 연속적인 것이며, 우리의 감성 또는 직관의 순수한 형식으로 이해된다.

이러한 시간과 공간의 논의에서 시작해 헤겔은 사물이 위치하고 있는 '장소'와 '운동' 개념으로 그리고 공간과 시간 속에서의 '질료' 개념들에 관한 논의로 확장해 나간다. 유한 역학에서는 '물질과 운동'이 중점적으로 다루어진다. 여기서 물질의 본질은 '무게'에서 드러나며, 무게를 지닌 물질은 견인과 반발의 힘 그리고 중심을 향한 노력과 저항 개념을 통해 설명된다. 헤겔은 이와 관련해 관성과 낙하 법칙의 문제 역시 심도 있게 논의한다. 절대 역학에서는 태양과 행성의 역학적 상호 작용이 중점적으로 논의된다. 인력(Gravitation)의 문제를 다루면서 행성의 운동에 대해 설명하는 헤겔은 행성의 자유로운 운동 법칙을 뉴턴 이전에 이미 케플러가 발견했음을 강조한다. 더 나아가 일반적인 견해와 달리 헤겔은 지구에서의 역학과 천체 역학을 만유인력 법칙을 통해 하나의 통합적 법칙으로 사유하는 뉴턴에 반대하고 케플러의 입장을 옹호한다.

「자연 철학」2편에서 서술되는 물리학은 보편적 개체성의 물리학, 특수한 개체성의 물리학 그리고 총체적 개체성의 물리학으로 나뉜다. 보편적 개체성의 물리학에서는 빛과 같은 자유로운 물질들과 공기, 물 그리고 불과 같은 원소들이 다루어진다. 빛은 "비물체적이고 비물질적인 물질"이다.[9] 헤겔은 빛을 광선들의 다발로 이해하는 뉴턴의 이론을 비판하는데, 광선이 곧 빛 전체이며 그런 한에서 다발로 분할될 수 없기 때문이다. 빛에 관한 논의에서도 헤겔은 뉴턴의 이론보다는 괴테의 논의를 따르고 있다. 또한 공기의 밀도와 압축, 불과 물 등의 원소에 대한 분석과 이와 연관된 지구의 기상학적 과정도 보편적 개체성의 물리학에서 중요하게 고찰된다. 그다음 특수한 개체성의 물리학에서는 탄성력을 지닌 물질을 비중, 응집력, 진동 및 음향 그리고 열과 열의 전도의 관점에서 논의한다.

총체적 개체성의 물리학에서 헤겔은 자기(Magnetismus), 전기 그리고 화학 과정에 관해 기술한다. 이 부분은 헤겔의 주된 관심사인 자기 운동(Selbstbewegung)을 하는 유기체에 관한 이론으로 이행하는 데 있어서 매우 중요한 역할을 하는 부분이다. 헤겔은 자기와 전기에서 스스로 반발하고 견인하는 자기 운동의 단초를 발견한다. 그는 전기가 "제 자신과 차별적인 무한한 형식이자 이러한 차이의 통일"이며 자석의 S극과 N극처럼 두 물체는 분리할 수 없이 결합되어 있다고 말한다. 두 전기는 다른 것 없이는 불완전하다. 그렇기 때문에 헤겔은 두 전기가 긴장 속에서 하나로 합류함으로써 두 전기는 현상하면서 사라지는 전기적 빛이 된다고 설명한다. 전기에 대한 철학적 설명을 우리는 헤겔의 『정신 현상학』「오성」장에서도 발견한다.[10] 헤겔은 힘 (Kraft) 개념을 설명하는 가운데 전기의 예도 들고 있다. 양전기와 음전기로 나뉘는 전기는 사실상 하나의 전기의 개념에 속한다. 다시 말해, 하나의 단순한 전기가 양전기와 음전기라는 대립자로 드러난다.

헤겔은 여기서 '동일성과 비동일성의 동일성'이라는 변증법적 구조에 주목한다. 힘으로서의 동일자는 비동일적인 대립자로 드러나며 이 대립자는 다시 동일한 힘에 귀속된다. 이를 헤겔은 '동질의 것의 상호 반발'로도 설명한다. 그런데 동질의 것의 상호 반발은 동시에 동질의 것의 '자기 반발'이기도 하다.[11] 헤겔은 이러한 관점에서 동질의 것의 상호 반발을 척력으로, 그리고 대립자의 상호 반발의 지양을 인력으로 간주하면서 인력과 척력이 서로 다른 힘이 아니라 동일한 힘의 두 대립적 양태임을 강조한다. 헤겔은 하나의 힘의 이중적 구조인 자기 반발에 주목함으로써 물리적 세계 안에서도 자기 운동 구조가 드러남을 보여 준다.

그런데 헤겔은 칸트와는 달리 물리적 세계의 자기 운동 구조를 넘어서서 자연을 구성하고 있는 원소들 간의 화학 작용에 더 주목한다. 왜냐하면 화학 작용 속에서 대립자들의 관계는 단지 대치해 있으면서 외면적으로 상호 관계하는 것이 아니라 산과 알칼리처럼 서로 반응해 제3의 것으로 변형되기 때문이다. 화학 과정은 자연을 구성하는 모든 원소들이 서로 역동적인 관계 속에서 반응하면서 형태 변형의 과정 속에 있음을 보여 준다. 이러한 원소들 간의 화학 작용에

10장 절대 정신, 자연의 거울에 자신을 비추다

대한 논의는 비유기적인 것을 유기화하는 유기체론으로의 이행을 가능케 한다. 헤겔에 따르면, 요소들 간의 화학 작용이 자기 자신 안에서 설명될 수 있을 때 우리는 '생명' 개념에 접근할 수 있다. "화학 과정의 산물이 스스로 다시 활동성을 시작한다면, 산물은 생명일 것이다. 생명은 이 한에서 지속화한 화학 과정이다."[12] 화학 과정 속에서 유기체는 타자와 단순히 중화되는 것이 아니라 타자와의 관계 속에서 자기 자신을 유지한다.

여기서 우리는 다시 한번 칸트와 헤겔 자연 철학의 차이점을 발견한다. 칸트의 경우 자연이 물리학적인 세계에 제한되었던 반면 셸링과 헤겔에서 자연은 화학적이고 생물학적인 자연으로 확장된다. 『엔치클로패디』에서뿐만 아니라 헤겔은 『대논리학(*Wissenschaft der Logik*)』 3권 「개념론」에서 '객관성'을 고찰할 때 기계론, 화학론 그리고 목적론을 단계적으로 설명한다. 이 설명에서도 화학론은 헤겔이 가장 중요하게 논의하는 유기체적 생명 개념의 단초를 마련해 주는 매우 핵심적인 부분이다. 여기서 중요한 사실은 요소들 사이의 화학 반응의 구조는 대립자들의 상호 투쟁과 상호 변형을 보여 주는 헤겔 변증법의 핵심 구조를 열어 밝혀 주는 중요한 단초라는 점이다.

「자연 철학」 3편에서 논의되는 유기 물리학은 지질학적 자연, 식물적 자연 그리고 동물 유기체로 세분화된다. 앞에서 상술된 바와 같이 자연을 하나의 거대한 유기체로 바라보는 헤겔의 자연 철학은 특히 동물 유기체에 대한 논의에서 정점에 이른다. 헤겔에 따르면 생명의 가장 원초적인 형태를 이루는 지질학적 유기체는 아직 개체성을 이루지 못한 생명의 기반으로 이해된다. 개체성을 결여한 지질학적 유기체의 예로 우리는 결정의 형성과 같은 자기 형태화의 능력을 들 수 있다. 식물적 자연은 지질학적 자연보다는 상위의 생명 형태임에도 불구하고 아직 구체적이고 하나의 개체성을 띤 생명 형태가 아니기 때문에 동물적 자연보다는 하위의 생명체이다. 식물은 자신의 부분들을 스스로 전개해 나간다는 점에 있어서는 지질학적 자연보다 더 구체적인 것으로 보이지만 식물의 부분들, 즉 뿌리, 줄기 그리고 잎 모두 각각의 개체적 형태를 갖고 스스로 성장해 나갈 수 있기 때문에 아직 '하나'의 주체성 혹은 '하나'의 개체성을 형성하지는 못한다.

　헤겔은 식물적 자연보다 더 높은 단계로 전개된 생명 개념은 동물적 자연에서 드러난다고 말한다. 동물적 자연은 다음과 같이 설명된다. "동물 유기체는 살아 있는 보편성으로서의 개념이다. 존재하는 것으로서가 아니라 오로지 자신을 재생산하는 것으로서만 생명 있는 것은 존재하며, 자신을 유지한다. 생명 있는 것은 자신을 생명 있는 것으로서 만듦으로써만 존재한다. 생명 있는 것은 자체가 결과일 뿐인 선행하는 목적이다."[13] 이 인용문에서 서술된 바와 같이 동물 유기체는 생명의 과정 속에서 먼저 자기 자신의 개체성을 유지하면서 자신의 형태를 취한다. 또한 비유기적 자연과 관계하면서 자신을 둘러싸고 있는 환경에 동화된다. 그리고 마지막으로 동물 유기체는 자기 자신을 타자 속에서 관계시키는 유적 과정으로 들어가며, 여기서 개체가 유(Gattung) 속에 정립된다. 이를 다른 각도에서 설명하면, 동물 유기체는 자기 자신을 내장 등과 같은 부분들로 형태화하면서 자기 자신의 내적인 동일성을 감각하는 감수성을 지니게 되는데, 이는 신경 체계와 세포 조직 그리고 골계통과 연관되어 있다. 그다음 감수성은 타자와 접촉할 때 타자를 물리치고 자신을 주체적으로 변형시키는 자극 반응성으로 이어지며, 이 자극 반응성은 혈액 체계와 근육 섬유와 밀접한 관계를 갖고 있다. 동물 유기체는 마지막으로 자신을 타자로 산출하는 재생산의 과정에 있게 되는데, 이는 소화 체계와 신경 수질 그리고 교감 신경 등을 통해 설명된다.

개체성에 기초해 있는 동물 유기체에서 우리는 엄밀한 의미의 '주체성'[14] 개념의 단초를 마련한다. 동물 유기체는 개체로서 '외면성 속에서 자신을 자기와 관계시키는 주체성'으로 있으며, 자기 목적으로 있다. 유기체는 자신 안에 부분들을 포함하고 있는데, 이 부분들은 하나의 전체를 자신의 목적으로 갖고 있다. 그리고 이 목적은 사실상 유기체의 자기 목적인 것이다. 또한 유기체는 외부와 관계하면서 스스로 조직하고 유지하면서 스스로 자신을 전개해 나가는 생명체이다. 그런데 이 개별적 생명체는 자신을 타자로 재생산하는 과정 속에서 스스로 파멸되어 가는 주체성이며, 여기서 유(Gattung)가 출현한다. 헤겔에 따르면, 유는 주체적인 개체성으로 드러나고 또한 개체성의 파멸을 통해서만 드러나기 때문에, 엄격한 의미에서의 유는 동물 유기체를 통해서만 파악될 수 있다.

이처럼 유의 출현은 개체의 죽음을 전제로 한다.[15] 헤겔에 따르면, 개체는 자연적 개별성 너머에 있는 내적이고 유적인 보편성의 위력으로부터 폭력을 당해 몰락한다. 이 관점에서 볼 때 죽음의 원인은

유가 "개별적으로 존재하는 자기를 지양함으로써 그 지양으로 돌아가는 운동"에 있다. 유의 이러한 자기 운동 속에서 개별적인 것이 몰락해 간다. 헤겔은 "보편성에 대한 동물의 부적합성은 동물의 근원적 질병이며, 타고난 죽음의 싹"[16]이라고 설명한다. 이 부적합성 속에서 생명이 '과정이 없는 습관'이 되어 버릴 때 개체는 죽게 된다. 다시 말해, 생명체가 습관에 의해 고착되고 활동성이 둔해지거나 생동성을 잃게 될 때 개체는 죽음을 맞이하게 된다. 개체의 죽음을 통해 드러나는 것은 유이다.

4. 자연에서 정신으로의 이행

보편적 유의 출현은 헤겔에서 정신으로의 이행을 가능케 한다. 헤겔은 이에 관해 다음과 같이 말한다. "자연은 원래 자체적으로 살아 있는 전체다. 자연의 단계 진행을 통한 운동은 좀 더 상세히 말하면 이념이 자신을 원래 자체의 것으로 정립해 가는 것이다. 바꿔 말하면 이념은 죽음인 직접성과 외면성을 벗어나 자신 안으로 돌아옴으로써 우선 생명체로 존재한다. 더 나아가 이념은 자신이 생명일 뿐인 이러한 규정성마저 지양하여 자신을 정신의 실존으로 만들어 낸다. 정신이야말로 자연의 궁극적 진리이자 궁극 목적이고 이념의 참된 현실성이다."[17] "자연은 생명체에서 완성되었으며, 더욱 높은 것으로 전복함으로써 자신의 평화를 체결했다. 정신은 이와 같이 자연으로부터 현출했다."[18] 개별적 생명의 파멸을 통해 유적 생명은 자신을 회복한다. 이 유적 생명은 다름 아닌 신적 생명이며, 이 신적 생명은 이제 더 이상 자연으로서가 아니라 정신으로 드러난다. 여기서 『엔치클로페디』 2부 「자연 철학」은 3부 「정신 철학」으로 이행한다. 헤겔은 「정신 철학」에서 정신의 여러 형태를 고찰하는데, 이는 '주관 정신', '객관 정신' 그리고 '절대 정신'으로 구분된다. 여기서 우리는 자연에서 이념으로 전제되었던 정신이 어떠한 발전 단계를 거쳐서 자신을 실현해 나가게 되는지를 파악할 수 있다.

헤겔에서 절대 정신은 다름 아닌 신적 생명의 본질을 이루는 신적 정신 또는 이념이다. 달리 표현하면, 신적 생명은 바로 '자기 자신을 아는' 정신이다. 헤겔이 자신의 철학에서 근본적으로 지향하는 것은 자기를 산출하는 자연적 생명에서 자기 자신을 아는 정신으로의 이행을 체계적으로 기술하는 것이다. 그런데 여기서 우리가 주목해야 하는 중요한 사실은 헤겔에서 자기 자신을 아는 신적 정신은 궁극적으로 인간의 활동력과 노동을 통해 형성되는 인륜적(sittlich) 세계 속에서 실현된다. '인륜성(Sittlichkeit)'은 고대 그리스의 습속을 의미하는 *ethos*에서 유래한 개념이다. 습속이란 다름 아닌 '개인들의 보편적 행동 양식'을 지칭하며, 이에 기초한 인륜성을 헤겔은 모든 개인들을 묶어 주는 힘으로 파악한다.[19] 이러한 힘으로서의 인륜성은 헤겔에서 '제2의 자연' 혹은 '세계로서 살아 있고 현존하는 정신'으로 이해된다.[20] 달리 표현하면, 인륜성이란 자연적인 습속의 토대 위에서 실현된 정신의 세계이다. 그런데 헤겔이 말하는 인륜성의 세계는 단지 한 민족이나 국가의 자연적 습속에만 기초한 자연 발생적인 인륜 공동체만을 의미하는 것이 아니라, 자유 의지와 행위를 통해 이성적 존재자들이 창출한 근대적 의미의 자유에 기초한 세계 또한 지시하고 있다.

이처럼 헤겔에서 자연에 관한 논의는 이제 신적 정신 그리고 인륜성에 기초한 인간의 세계에 대한 논의로 이행한다. 이러한 이행은 자연과 정신을 통합하려는 헤겔 철학에 익숙하지 않은 독자에게는 매우 큰 당혹감을 안겨 줄 것이다. 앞에서 서술된 바와 같이 헤겔 자연 철학은 단순히 자연 현상의 형식적 법칙을 찾는 데에 제한되지 않고 자연의 이념을 찾고자 하는 과제를 설정하며, 더 나아가 자연과 자유 또는 자연과 정신을 이분법적으로 구분하는 칸트 철학을 넘어서고자 한다. 모든 자연 현상을 기계론적으로 파악하는 칸트의 자연관에서 자유 개념은 배제된다. 이와 달리 자연과 자유 또는 자연과 정신을 통합적으로 사유하는 헤겔 철학은 자연 세계에서 자유의 실현 과정을 파악하고자 한다. 따라서 헤겔의 자연 철학은 정신의 외화 형태로서의 자연이 스스로의 운동을 통해서 어떻게 정신 또는 자유의 세계로 이행하는지를 고찰하는 것을 목적으로 삼고 있다. 그런데 흥미로운 사실은 이 이행을 궁극적으로 실현하는 존재는 바로 인간이라는 점이다. 인간은 자연의 한 부분이면서 자신의 노동과 행위를 통해 자연성을 넘어설 수 있는 자연적이고 정신적인 존재로서 이해된다. 자연적이면서 정신적인 인간은 노동과 행위를 통해 자연 세계 속에 자유의 세계를 실현한다. 그렇기 때문에 자연 세계의 궁극적인 이념인 신적 이념은 헤겔 철학에서 자연을 토대로 한 인간의 자유로운 인류 세계 속에서 구현되는 것이다. 이러한 관점에서 볼 때 자연 철학에서 논의되었던 자연의 활동성은 궁극적으로 인간 주체의 활동성 속에서 완결된다.

김옥경(서강 대학교 철학 연구소 연구 교수)

더 읽을거리

1장 과학의 대항해선을 밀고 나가는 물결

우리가 살펴본 주제와 관련된 것 가운데 독자들이 기본적인 지표로 삼을 만한 몇 가지 문헌만을 제시해 본다.

과학과 현대적 삶의 요람이라 할 수 있는 '근대의 본성'에 대해 탐색하고 있는 글로는 하이데거의 『숲길』(신상희 옮김, 나남, 2008년)에 수록된 「세계상의 시대」를 참고할 수 있다.

철학 사상을 배경으로 근대 과학의 탄생과 전개를 다룬 책으로는 화이트헤드의 『과학과 근대 세계』(오영환 옮김, 서광사, 2008년)가 있다. 철학사의 전개와 과학의 발전을 함께 엮어 탐구하고 있는 책으로는 하이젠베르크의 『물리와 철학: 근대 과학의 혁명』(조호근 옮김, 서커스, 2018년)이 있다.

과학적 사유의 제한성을 항시적인 주제로 삼은 철학자가 메를로퐁티인데, 이 주제와 관련해 『눈과 마음』(김정아 옮김, 마음산책, 2008년)을 참조할 수 있다. (『현상학과 예술』(오병남 옮김, 서광사, 1989년)에 「눈과 정신」이라는 제목으로 수록되어 있기도 하다.) 미술론이기도 한 이 작품은 과학의 시야 안에 다 들어오지 않는 풍부한 세계를 그려 보인다.

철학적 사유와 과학적 사유의 관계, 양자의 차이점 등을 드러낸 현대적 논의로는 들뢰즈의 『철학이란 무엇인가』(이정임·윤정임 옮김, 현대미학사, 1995년)의 5장 「기능소와 개념들」이 있다.

2장 학문 혁신을 통한 과학의 실용화로 지상 낙원을 꿈꾸다

베이컨의 『신기관』(진석용 옮김, 한길사, 2001년)은 1620년에 발표한 작품으로 학문의 새로운 방법에 관해 상세히 다루고 있다. 베이컨의 『대혁신』 6부작 가운데 2부에 해당한다. 책의 제목인 '신기관(Novum Organon)'은 기존의 학문 방법인 아리스토텔레스의 논리학에 대항하는 뜻이 담겨 있다. 아리스토텔레스는 논리학을 '기관(Organum)'이라고 했다. 실재에 대해 아무런 지식을 주지 않는 연역적 삼단 논법을 대체하는 새로운 방법, 즉 참된 귀납적 방법으로 학문의 혁신을 이룰 수 있을 것으로 베이컨은 기대했다.

『새로운 아틀란티스』(김종갑 옮김, 에코리브르, 2002년)는 베이컨이 사망한 해인 1626년에 출간된 저서이다. 『대혁신』 6부작 가운데 3부에 속하는 책이다. 완성본이 아니라 미완성의 책이다. 그러나 베이컨의 유토피아 사상, 다시 말하면 학문의 진정한 목적이 실현된 세계상에 대한 생각을 이해하는 데 도움이 된다. 토머스 모어 등의 공산주의적 유토피아와 대별되는 서구의 또 하나의 유토피아의 전형인 과학적 유토피아를 그리고 있다.

베이컨의 작품 외에 영국의 정치가이자 인문주의자인 토머스 모어가 1516년에 발표한 『유토피아』(황문수 옮김, 범우사, 2000년)를 추천할 수 있다. 누구나 일할 수 있고, 또 누구나 일하는 평등한 사회를 이상적으로 그려 낸 소설 형식의 작품이다. 현실 비판의 내용을 담은 1권과 유토피아 섬에 대한 이야기를 담은 2권으로 구성되어 있다. 모어의 유토피아와 베이컨의 유토피아를 비교해서 보면 흥미롭다. 모어와 베이컨의 유토피아는 서구에서 등장하는 수많은 유토피아 사상의 두 가지 유형을 대변한다.

3장 맹인의 지팡이, 포도주 통, 그리고 테니스공이 알려준 빛의 성질

데카르트 저작은 국내에 많이 번역 출판되어 있다. 『방법서설/정신지도를 위한 규칙들』(이현복 옮김, 문예, 1997년), 『성찰/자연의 빛에 의한 진리 탐구/프로그램에 대한 주석』(이현복 옮김, 문예, 1997년), 『철학의 원리』(원석영 옮김, 아카넷, 2012년), 『성찰: 성찰에 대한 학자들의 반론과 데카르트의 답변』(전2권, 원석영 옮김, 나남, 2012년), 『정념론』(김선영 옮김, 문예, 2013년) 등이 대표적이다. 안타깝게도 『굴절 광학』을 비롯한 데카르트의 과학적 저작은 대부분 출판되지 않았지만, 『철학의 원리』 2~4부에서 데카르트 자연학과 우주론을 체계적으로 확인할 수 있고, 특히 3부에서는 데카르트의 빛 이론을 발견할 수 있다. 『철학의 원리』는 당시 주요 대학의 정통적인 교과 과정에 포함되어 있던 아리스토텔레스 철학을 대체한다는 데카르트의 야심 찬 기획에서 나온 저작으로,

이후 등장한 많은 철학자에게 큰 영향을 미쳤다. 대표적으로 스피노자는 자신의 철학을 본격적으로 전개하기 전에『철학의 원리』에 대해 해설한『데카르트의 철학의 원리』(강영계 옮김, 서광사, 2016년)를 출판하기도 했는데, 두 책을 비교하면서 어떻게 스피노자가 데카르트 형이상학과 자연학을 비판적으로 극복하고자 했는지 추적해 보는 것도 흥미로운 일이다. 데카르트 철학에 대한 전반적인 개론서로는 고전적인『데카르트의 철학』(안쏘니 케니, 김성호 옮김, 서광사, 1991년)이 유명하지만 더 쉽고 짧은『데카르트』(존 코팅엄, 정대훈 옮김, 궁리, 2001년)도 훌륭하다. 데카르트의 기계론적 자연관과 더불어 그 역사적 맥락과 의의를 이해하기 위해서는『근대적 세계관의 형성』(김상환, 에피파니, 2018년) 1부를 읽어 볼 것을 권한다.

4장 관념론자의 시선이 향하는 곳은?

국내에 번역되어 있는 버클리의 저작은 총 3권이다. 그중에서 가장 쉽게 읽을 수 있는 책은『하일라스와 필로누스가 나눈 대화 세 마당』(한석환 옮김, 숭실 대학교 출판부, 2010년)이다. 버클리의 사상을 알고 싶다면 우선 이 책을 읽을 것을 추천한다. 다른 두 권은『새로운 시각 이론에 관한 시론』(이재영 옮김, 아카넷, 2009년)과『인간 지식의 원리론』(문성화 옮김, 계명 대학교 출판부)이다.『새로운 시각 이론에 관한 시론』에서는 거리와 크기 관념은 시각에 의해서 직접 파악되지 않는다는 이 글의 주장과 함께 '왜 우리는 망막에 거꾸로 맺힌 상을 똑바로 볼 수 있는가?'에 대한 설명이 자세히 담겨 있다. 전체적인 책의 요지는 시각에 의한 관념과 촉각에 의한 관념 사이의 이질성을 보이고 거리와 크기 파악에 있어서 촉각 작용의 중요성을 강조하는 것이다. 버클리의 철학을 다른 철학과 비교하며 이해하고 싶다면 『강 교수의 철학 이야기』(강영안, IVP, 2001년)와 『영국 경험론 연구』(이재영, 서광사, 1999년), 『영국 경험론』(프래드릭 코플스턴, 이재영 옮김, 서광사, 1991년)을 추천한다. 또한 근대 철학의 기계론적 자연관과 입자설에 관해 알기를 원한다면 『서양 근대 철학』(서양 근대 철학회 엮음, 창비, 2001년)과 『과학 기술과 철학』(정병훈, 국립 경상 대학교 출판부, 2017년)을 읽어 보라.

5장 운동과 정지, 빠름과 느림으로 이해된 개체

스피노자의 물체론을 비교적 쉽고 체계적으로 접할 수 있는 우리말 번역물은 알렉상드르 마트롱(Alexandre Matheron, 1926~2020년)의 『스피노자 철학에서 개인과 공동체』(김문수·김은주 옮김, 그린비, 2008년)의 2~3장이다. 그러나 이 물체론은 인간 개체와 공동체의 관계를 다루기 위한 것이고, 사실 우리말로 된 문헌 가운데 자연 과학에 특화된 전문적 연구는 거의 없다. 다만 데카르트와 스피노자를 각각 관성 원리와 물체 충돌 규칙 같은 구체적 주제로 비교 분석한 진태원의 『스피노자 철학에 대한 관계론적 해석』(서울 대학교 박사 학위 논문, 2006년, 3장, 105~210쪽), 김은주의 「외적 충격으로부터 어떻게 내면이 구축되는가: 데카르트의 물체 충돌 규칙과 스피노자의 변용(affection) 개념」(《철학사상》, 제49권, 53~81쪽) 정도를 들 수 있다.

스피노자의 자연 과학 이론을 좀 더 깊이 알고 싶은 사람은 부득불 외국어 문헌을 참고해야 한다. 우선『데카르트의 '철학의 원리'』에 대한 상세한 주해로는, 데카르트 자연학에서 스피노자가 어떤 점을 혁신하려 했는지 면밀하게 가려내고 있는 André Lécrivain, "Spinoza and Cartesian Mecanics" (in Marjorie Grene & Debra Nails ed., *Spinoza and the Sciences*, D. Reidel Publishing Company, 1986, pp. 15-60)이 있다.『윤리학』'자연학 소론'에 대한 가장 상세하고 체계적인 주해는 M. Gueroult, *Spinoza II-L'âme* (Paris: Aubier, 1974, pp. 143-189)에서 찾아볼 수 있다. 입문적 성격을 띤 영어권의 고전적 논문으로는 David Lachterman, "The Physics of Spinoza's Ethics" (in Shanan & Biro, eds., *Spinoza: New Perspectives*, 1978, pp. 71-111)을, 최근의 논문으로는 Alison Peterman, "The 'physical' interlude" (in Y. Melamud ed., *Cambridge Critical Guide to Spinoza's Ethics*, Cambridge: Cambridge University Press, pp. 102-120)을 참고할 만하다. 저작들부터 편지에 이르기까지 스피노자 자연학 전반에 대한 쉽고 명료한 소개로는 Richard Manning, "Spinoza's Physical Theory" (*Stanford Encyclopedia of Philosophy* Online, 2016)이 참고할 만하다. 스피노자 자연학의 문제나 한계에 주목한 좀 더 비판적인 논의로는 David Savan, "Spinoza: Scientist and Theorist of Scientific Method" (in Marjorie Grene & Debra Nails ed. op. cit., pp. 95-123), Alan Gabbey, "Spinoza's natural science and methodology" (*Cambridge Companion to Spinoza*, Cambridge University Press, 2006, pp. 142-191), Eric Schliesser, "Spinoza and the Philosophy of Science: Mathematics, Motion, and Being" (in *Oxford Handbooks Online*, 2014)를 참고하라.

끝으로, 과학사의 맥락을 넘어 스피노자의 신체론을 현대적으로 활용한 글은 앞의 연구물보다 더 많다. 국내에 번역된 것만 들자면 대표적으로 안토니오 다마지오(Antonio Damasio, 1944년~), 『스피노자의 뇌: 기쁨, 슬픔, 느낌의 뇌과학』(임지원 옮김, 사이언스북스, 2003년)이 있다. 그 외 다마지오와 질 들뢰즈, 에티엔 발리바르(Étienne Balibar, 1942년~) 등에 의한 스피노자 신체론의 활용, 그리고 체화된 마음 이론과 스피노자 개체론의 접점 등에 대한 전반적 소개로는 김은주, 「스피노자 신체론의 현대적 전개-체화된 마음과 개체화 이론」(《개념과 소통》, 제21호, 2018년, 217~249쪽)을 참고할 수 있다.

6장 미적분학의 창시자가 상상한 물리 세계

앞의 논의와 관련해 여러 참고할 문헌들이 있지만, 그중에서 가장 중요한 라이프니츠의 저작을 꼽으라면, 『형이상학 논고』(윤선구 옮김, 아카넷, 2010년)와 『라이프니츠와 아르노의 서신』(이상명 옮김, 아카넷, 2015년)을 들 수 있다. 『형이상학 논고』는 이 장에서 언급한 힘과 운동량의 구분에 대한 라이프니츠의 자세한 논증을 포함하고 있다. 뿐만 아니라, 이러한 힘과 운동량의 구분을 통해 얻은 '살아 있는 힘' 개념으로부터 어떻게 형이상학적 논의로 이어지는지에 대한 자세한 논증도 살펴볼 수 있다. 라이프니츠는 이러한 자신의 발견을 당시 유명한 데카르트주의자 아르노 신부에게 편지로 알리게 되는데, 이 편지 이후 라이프니츠와 아르노 사이에 유명한 서신 논쟁이 이어지게 된다. 그 서신 논쟁이 바로 『라이프니츠와 아르노의 서신』에 그대로 나와 있다. 이 두 철학자의 서신에는 서로 간의 비판, 그리고 그러한 비판을 통한 라이프니츠 사상의 변화 과정이 드러나 있다. 이 서신을 참조하면, 라이프니츠의 사상이 왜, 어떻게 변했는지, 그 과정을 이해할 수 있다.

7장 불확실성 시대의 서곡: 우연과 진화로서의 세계

데이비드 흄의 종교 철학뿐 아니라 흄 철학의 전반적 특성에 관해 배울 수 있는 흄의 저서 중 가장 간결하면서도 대중적인 책은 『자연 종교에 관한 대화』(이태하 옮김, 나남, 2008년)이다. 기적과 기적에 호소하는 종교에 대한 흄의 비판은 『기적에 관하여』(이태하 옮김, 책세상, 2003년)에 잘 제시되어 있다. 서양 근대 과학과 철학의 대표적인 쟁점들을 주제별로 깊이 있게 설명해 놓은 책으로는 『서양 근대 철학의 열 가지 쟁점』(서양 근대 철학회 편, 창비, 2004년)을 추천한다. 본문에서 다룬 바 있지만, 찰스 다윈의 『종의 기원』(송철용 옮김, 동서문화사, 2009년)은 흄의 영향을 받은 대표적인 과학책이다.

8장 뉴턴은 떨어진 사과에서 무엇을 놓쳤는가?

칸트는 물리학의 형이상학적 원리를 『자연 과학의 형이상학적 기초 원리』(임마누엘 칸트, 김재호 옮김, 한길사, 2016년)에서 제시하고, 물리적 대상들을 포함하는 자연 일반의 가능성을 근거 짓는 보다 일반적인 형이상학의 원리를 『순수 이성 비판』(백종현 옮김, 아카넷, 2006년)에서 제시한다. 『순수 이성 비판』의 핵심 내용에 대해 칸트 자신이 직접 서술한 '순수 이성 비판' 입문서라고 할 수 있는 『형이상학 서설』(프롤레고 메나)을 읽어 보면 좋다. 칸트 철학 일반에 대한 개론서로는 『임마누엘 칸트』(오트프리트 회페, 이상헌 옮김, 문예출판사, 1997년)를, 뉴턴과 칸트의 관계에 대한 논문으로는 M. Friedman의 "Newton and Kant on Absolute Space: From Theology to Transcendental Philosophy"(M. Bitbol & al. (eds), *Constituting Objectivity*, Springer, 2009, pp. 35-50)를 추천한다.

9장 절대적 관념론, 자연의 신비를 벗기다

셸링 철학을 개괄한 작품으로는 『셸링』(바움가르트너, 코르텐, 이용주 옮김, 동연, 2013년)이 있다. 셸링의 생애에 대한 설명과 함께 중기까지의 철학을 간단히 설명한 책이다. 셸링의 작품 가운데는, 본문에서 주로 다루었던 『자연 철학의 이념』외에 『인간 자유의 본질』(한자경 옮김, 서광사, 1998년)을 권할 만하다. 셸링의 중기 저서 가운데 가장 핵심이 되는 책이다. 그리고 『기로에 선 이성』(이광모, 용의숲, 2016년)은 셸링의 철학을 초기부터 후기까지 다루고, 그 이후 현대 철학에 셸링이 끼친 영향까지를 논구한 책이다.

10장 절대 정신, 자연의 거울에 자신을 비추다

헤겔 자연 철학은 17~18세기 자연 과학적 이론들에 많은 영향을 받았다. 『엔치클로패디』에 나타난 헤겔 자연 철학에 가장 큰 영향을 끼친 사상가는 괴테라고 해도 과언이 아니다. 사물들 사이의 관계를 추상적이고 형식적으로 정식화하는 것을 거부하는 괴테는 양극성, 상승, 그리고 총체성의 원리 속에서 자연에 접근하면서 근대의 형식적인 기계론적 사유에 반대한다. 이에 관한 자세한 내용은 괴테의 『색채론』(장희창 옮김, 『색체론』, 민음사, 2018년)에 잘 나타나 있다. 이 책은 헤겔 자연 철학이 전제하고 있는 시대적·사상적 배경을 이해하는 데 매우 유용하다.

헤겔 자연 철학에 관한 구체적인 내용을 알기 위해서는 『헤겔 자연 철학』이란 이름으로 번역된 『엔치클로패디』를 추천한다. (박병기 옮김, 『헤겔 자연 철학』 전2권, 나남, 2008년. 이 번역서는 헤겔 작품의 탁월한 번역서이다. 옮긴이는 매우 자세한 역주와 해제를 제공하고 있기 때문에 독자들이 헤겔 자연 철학의 구체적인 내용과 문맥을 이해하는 데 큰 도움을 받을 수 있다.) 그리고 헤겔 자연 철학 전반의 문제 의식에 접근하기 위해서는 『헤겔의 자연 철학』(L. G. 리히터, 양우석 옮김, 서광사, 1998년)을 권한다.

또한 헤겔 철학의 사상적 발전사와 체계 속에서 헤겔의 자연 철학을 이해하기 위해서 다음의 두 개설서도 매우 좋은 지침서가 될 것이다. 『헤겔: 생애와 사상』(한스 프리드리히 풀다, 남기호 옮김, 용의숲, 2010년)과 『헤겔』(찰스 테일러, 정대성 옮김, 그린비, 2014년)이 그것이다.

후주

1장 서설, 과학의 대항해선을 밀고 나가는 물결

1   호메로스, 천병희 옮김, 『일리아스』(숲, 2007년), 515쪽.

2   귀스타브 플로베르, 진인혜 옮김, 『부바르와 페퀴세』(책세상, 1995년), 401쪽.

3   마르틴 하이데거, 이선일 옮김, 『철학에의 기여』(새물결, 2015년), 118쪽.

4   아리스토텔레스, 조대호 옮김, 『형이상학』(길, 2017년), 43쪽.

5   김인곤 외 옮김, 『소크라테스 이전 철학자들의 단편 선집』(아카넷, 2005년), 223쪽. (마르쿠스 아우렐리우스의 『자성록』이 전하는 내용이다.) 이하 굵은 글씨 표기는 인용자의 강조이다.

6   앞의 책, 228쪽. (아리스토텔레스의 『니코마코스 윤리학』이 전하는 내용이다.)

7   이에 대해선 하이데거가, '근대란 무엇인가?'라는 물음에 답하고 있는 중요한 글 「세계상의 시대」가 상세히 접근하고 있다.

8   마르틴 하이데거, 신상희 옮김, 「세계상의 시대」, 『숲길』(나남, 2008년), 136~137쪽. 괄호는 옮긴이가 삽입한 것이다.

9   잠깐 말을 덧붙이면, 이 책에서 다루고 있는 스피노자, 셸링, 헤겔 등의 경우엔 주체가 자신의 이성적 사유 외부의 대상에게 이성 법칙을 강요한다기보다, 주관과 대상 전체를 지배하는 공통의 절대적인 이성적 법칙을 드러내려 한다고 표현해야 옳겠다.

10   가령 에마뉘엘 레비나스(Emmanuel Levinas, 1906~1995년)는 과학이라는 형태를 가

지고 나타나는 전체화와 지배에서, 그야말로 타자를 전체로 흡수하고 지배하는 '타자에 대한 억압'을 읽어 낸다. "**과학적 사유 속에서든, 과학의 대상 속에서든**, 결국은 이성의 현현으로 이해된 역사 그리고 폭력이 스스로를 이성으로 계시하는 그런 역사 속에서든, 철학은 존재의 실현으로 나타난다. 다시 말해, 다수성을 억압함으로써 자신을 자유롭게 하는 것으로 나타난다. **인식은** …… 포획에 의해 …… **'타자'를 억압하는 것이 될 것이다.**" (에마뉘엘 레비나스, 김도형 외 옮김, 『전체성과 무한』, 그린비, 2018, 455쪽.)

11   미셸 투르니에, 이원복 옮김, 『메테오르』 2권(서원, 2001년), 285쪽.

12   메를로퐁티, 김정아 옮김, 『눈과 마음』(마음산책, 2008년), 25~26쪽.

13   프리드리히 니체, 안성찬·홍사현 옮김, 『즐거운 학문 외』(책세상, 2005년), 380쪽.

14   앞의 책, 307쪽.

15   M. Proust, *A la recherche du temps perdu*, Paris: Gallimard (Bibliotheque de la Pléiade), Tome. Ⅲ, 1954, p. 889.

2장 학문 혁신을 통한 과학의 실용화로 지상 낙원을 꿈꾸다

1   프랜시스 베이컨, 진석용 옮김, 『신기관』(한길사, 2001년), 89쪽 참조.

2   프랜시스 베이컨, 이종흡 옮김, 『학문의 진보』(아카넷, 2002년), 10쪽.

3   프랜시스 베이컨, 이종흡 옮김, 『학문의 진보』(아카넷, 2002년), 195쪽.

4   프랜시스 베이컨, 진석용 옮김, 『신기관』(한길사, 2001년), 39쪽.

5   프랜시스 베이컨, 이종흡 옮김, 『학문의 진보』(아카넷, 2002년), 78~79쪽.

6   프랜시스 베이컨, 진석용 옮김, 『신기관』(한길사, 2001년), 89쪽.

7   양모 가격의 급등으로 양을 키울 목초지를 조성하기 위해 농지를 병합하여 울타리를 친 것에서 유래한 말이다. 이런 현상으로 농민들은 농토를 잃고 도시로 내몰리게 된다. 모어는 이런 현상을 두고 "유순한 짐승인 양이 이제는 사람까지 먹어치우게 되었다."라고 말했다. (토머스 모어, 황문수 옮김, 『유토피아』, 범우사, 2000년, 41쪽 참조)

8   프랜시스 베이컨, 이종흡 옮김, 『학문의 진보』(아카넷, 2002년), 50쪽.

9   프랜시스 베이컨, 이종흡 옮김, 『학문의 진보』(아카넷, 2002년), 61쪽.

10   프랜시스 베이컨, 진석용 옮김, 『신기관』(한길사, 2001년), 42쪽.

11   프랜시스 베이컨, 이종흡 옮김, 『학문의 진보』(아카넷, 2002년), 207~208쪽.

12   프랜시스 베이컨, 진석용 옮김, 『신기관』(한길사, 2001년), 87쪽.

13 프랜시스 베이컨, 진석용 옮김,『신기관』(한길사, 2001년), 137쪽.

14 Antonio Perez-Ramos, *Francis Bacon's Idea of Science and the Maker's Knowledge*, Oxford University Press, 1988, p. 49.

15 베이컨의 이와 같은 생각은 나노 기술, 생명 공학, 인공 지능 같은 신생 기술들을 연상시킨다. 이 기술들은 물질과 생명과 지능을 단지 기술하는 것이 아니라 창조하는 것을 목표로 삼고 있다. 물론 베이컨에게 있어서 자연은 창조된 것이며, 그래서 인간에게는 주어진 것이다. 이런 사고는 시대적인 한계라고 할 수 있지만, 힘으로 표현될 수 있는 지식에 대한 베이컨의 이해는 오늘날 신생 기술에도 적용될 수 있을 듯하다.

16 이상헌,『철학자의 눈으로 본 첨단 과학과 불교』(살림, 2017년), 240쪽.

3장 맹인의 지팡이, 포도주 통, 그리고 테니스공이 알려준 빛의 성질

1 르네 데카르트, 이현복 옮김,『방법서설』(문예, 1997년), 156쪽; AT VI:9. 데카르트 저작의 인용은 관례에 따라 샤를 아당(Charles Adam)과 폴 타네리(Paul Tannery)가 편집한 데카르트 전집인 아당과 타네리 판본(AT로 표기)의 권수(로마 숫자)와 쪽수(아라비아 숫자)로 표기하되, 우리말 번역본이 있을 경우 우리말 번역본의 쪽수를 먼저 인용한다.

2 르네 데카르트, 이현복 옮김,『성찰』(문예, 1997년), 34쪽; AT VII:17.

3 르네 데카르트, 이현복 옮김,『방법서설』(문예, 1997년), 184쪽; AT VI:31.

4 르네 데카르트, 이현복 옮김,『방법서설』(문예, 1997년), 185쪽; AT VI:32.

5 '광학'에 해당하는 프랑스 어 'optique'는 영어 'optics'와 마찬가지로 '눈'을 뜻하는 그리스 어 'ὄψ(óps)'에서 유래했다.

6 르네 데카르트,『굴절 광학』, AT VI:81-82.

7 르네 데카르트,『굴절 광학』, AT VI:82.

8 르네 데카르트,『굴절 광학』, AT VI:83.

9 르네 데카르트,『굴절 광학』, AT VI:83.

10 자연에 존재하는 만물은 각각의 목적을 가지고 있으므로, 자연 만물의 운동을 설명하기 위해서는 그 각각의 목적을 하나하나 파악하고 서로 조화시켜야 한다. 예컨대, 목적론적 자연관이 반영된 천동설을 떠올려 보라. 천동설에 따른 천체 궤도에 대한 설명은 지동설에 따른 천체 궤도에 대한 설명보다 훨씬 더 복잡하다. 코페르니쿠스의 지동설이 당시 관측 기술의 한계로 인해 어려움에 부닥쳤는데도 많은 학자가 계속해서

지동설을 지지했던 이유 중 하나는 지동설의 단순성 혹은 천동설의 복잡성 때문이었다.

11 "우리는 연장이 참된 물체인지 아니면 단지 하나의 공간일 뿐인지를 고찰함이 없이, 그것을 길이, 넓이, 깊이를 가진 것으로 이해한다." (르네 데카르트, 이현복 옮김, 『정신 지도 규칙』, 문예, 1997년, 111쪽; AT X:442)

12 데카르트는 1629년부터 1633년까지 기계론적 자연학의 확립이라는 원대한 기획에 따라 『세계』를 저술했지만, 갈릴레오가 종교 재판에 회부되어 유죄 판결을 받았다는 소식을 듣고 출판을 포기한다. 결국 『세계』는 데카르트가 죽은 뒤 1664년에야 출판된다.

13 사실 이 물질이 차지한 공간 이외에 별도의 공간이 없으므로, 물질의 연장은 곧 공간이라고 보아도 무방하다. 『철학의 원리』에서 데카르트는 "우리는 사물의 본성과 공간의 본성을 이루는 연장이 동일한 것이며, 이 둘의 차이가 종이나 유의 본성과 개별자의 본성 간의 차이 이상이 아니라는 것을 아주 쉽게 인식할 수 있다."라고 말한다. (르네 데카르트, 원석영 옮김, 『철학의 원리』, 아카넷, 1997년, 46~47쪽; AT VIII-1:46)

14 르네 데카르트, 『세계』, AT XI:32-33.

15 르네 데카르트, 『세계』, AT XI:34-35.

16 르네 데카르트, 『세계』, AT XI:38; 41; 43-44.

17 많은 철학자들은 이런 식의 설명에 의심을 품었다. 대표적으로 데카르트 이후 대표적인 합리주의 철학자 스피노자는 데카르트의 기계론적 자연관을 수용하면서도 신이라는 초월적 존재의 개입 없이 운동을 설명할 수 있는 방법을 모색했다.

18 르네 데카르트, 『굴절 광학』, AT VI:84.

19 예외적인 학자로 알하젠(Alhazen, 965~1040년. 이븐 알하이삼(Ibn Al-Haytham)이라고도 한다.)과 로저 베이컨(Roger Bacon) 정도를 떠올릴 수 있다. A. I. Sabra, *Theories of Light; from Descartes to Newton*, Cambridge: Cambridge University Press, 1981, pp. 46-47 참조.

20 르네 데카르트, 『굴절 광학』, AT VI:84.

21 르네 데카르트, 『굴절 광학』, AT VI:86-87.

22 르네 데카르트, 『굴절 광학』, AT VI:88.

23 르네 데카르트, 『굴절 광학』, AT VI:88-89.

24   르네 데카르트, 이현복 옮김, 『방법서설』(문예, 1997년), 213쪽; AT VI:55.

25   르네 데카르트, 『굴절 광학』, AT VI:94~95.

4장 관념론자의 시선이 향하는 곳은?

1   소나무나 전나무에서 나온 타르와 물을 일대일 비율로 섞어 일정 시간 가라앉힌 후 그 물을 먹는 중세 때부터 내려오는 약으로 원기 회복과 맑은 정신을 갖도록 해 준다고 알려져 있다. 버클리는 자신의 책 『시리우스: 철학적 반성들과 탐구들의 연관, 타르-물의 미덕에 관해(*Siris: a Chain of Philosophical Reflexions and Inquiries, Concerning the Virtues of Tar-Water*)』(1744년)에서 이 타르-물을 연구하고 옹호했다.

2   조지 버클리, 문성화 옮김, 『인간 지식의 원리론』(계명대학교 출판부, 2010년), 69쪽.

3   버클리의 이론에서 감각과 지각은 상호 교환 가능한 동일한 의미로 사용된다.

4   조지 버클리, 문성화 옮김, 『인간 지식의 원리론』(계명대학교 출판부, 2010년), 71쪽.

5   조지 버클리, 한석환 옮김, 『하일라스와 필로누스의 대화 세 마당』(숭실 대학교 출판부, 2010년), 169쪽.

6   G. Berkeley, *Philosophical commentaries*, New York: Garland Pub, 1989, p. 52.

7   조지 버클리, 『인간 지식의 원리론』, 165쪽. 번역 일부를 수정했다.

8   G. Berkeley, *Siris: a chain of philosophical reflexions and inquiries concerning the virtues of tar water*, 1747, Dublin: W. Innys, p. 120.

9   조지 버클리, 이재영 옮김, 『새로운 시각 이론에 관한 서론』(아카넷, 2009년), 57, 61쪽.

10   R. Descartes, *The Philosophical Writings Of Descartes*, 3 volumes, translated by John Cottingham, Robert Stoothoff, and Dugald Murdoch (Volume 3 including Anthony Kenny), Cambridge: Cambridge University Press, 1988. vol. 1, pp. 170~172 참조.

11   여기서 필연적 연관성이란 시각으로부터의 선과 각의 파악이 거리와 크기 판단에 필요 충분 조건이라는 뜻이다.

12   조지 버클리, 이재영 옮김, 『새로운 시각 이론에 관한 서론』(아카넷, 2009년), 91~92쪽. (번역 일부 수정)

13   J. Locke, *Essay concerning human understanding*, 1975, ed. P.H. Nidditch, Oxford: Clarendon Press, p. 146.

14   조지 버클리, 이재영 옮김, 『새로운 시각 이론에 관한 서론』(아카넷, 2009년), 65~70쪽.

5장 운동과 정지, 빠름과 느림으로 이해된 개체

1   이에 대해서는 후데에게 보내는 편지 36(스피노자, 이근세 옮김, 『스피노자 서간집』, 아카
 넷, 2018년, 235~236쪽), 옐레스에게 보내는 편지 39(앞의 책, 243~244쪽), 편지 40(앞의
 책, 247~248쪽)을 참조하라.

2   80여 개의 서신 중 올덴부르크와의 서신은 28개이고 이중 실질적으로 보일을 상대
 자로 하는 서신은 5개이다.

3   스피노자의 라틴 어 유고집 서문은 그가 무지개에 관한 논문을 썼으리라고 시사하
 며 실제로 19세기에 무지개에 관한 익명의 논문이 확률 계산에 관한 논문과 함께 발견
 되었지만, 둘 다 스피노자의 것이 아니라는 것이 중론이다.

4   『윤리학』은 Spinoza, *Ethique*, Bilingue Latin-Français, traduit par Bernard, Paris:
 Seuil, 1988을 참조해 우리말로 번역했다.

5   스피노자가 치른하우스에게 보내는 편지 81, 스피노자, 이근세 옮김, 『스피노자 서간
 집』(아카넷, 2018년), 411쪽.

6   1649년 8월 데카르트가 헨리 모어에게 쓴 편지: AT V, 404.

7   그는 연장에 대해 정의 내린 적이 없고, 다만 그것이 무한하고 분할 불가능하며(『윤리
 학』 1부, 정리 15의 주석), 사유가 신의 속성인 것(2부, 정리 1)과 똑같은 근거에서 "연장은
 신의 속성이다. 즉 신은 연장되어 있다."(2부, 정리 2)라고 말할 뿐이다.

8   이런 의미에서 스피노자는 연장의 '직접 무한 양태'로 운동과 정지를 꼽았으며(슐러
 에게 보내는 편지 64. 『스피노자 서간집』, 346쪽), 초기 글에서는 운동과 정지를 비유적으로
 "신의 아들(성자)"라고 말하기까지 한다. (『신, 인간, 인간의 지복에 관한 소론』, 1부, 9장, 2절)

9   "어떤 점에서 인간 정신이 여타의 것들과 다르고 그것들보다 우월한지 규정하려면
 …… 반드시 그 대상, 곧 인간 신체의 본성을 알아야 한다." (정리 13의 주석)

10   이는 게루의 구분을 따른 것이다. M. Gueroult, *Spinoza II-L'âme*, Paris: Aubier,
 1974, p. 145.

11   Aritstote, *Physique* VIII, 3, 253a-254b (GF Flammarion, 2002, pp. 394-399.)

12   르네 데카르트, 원석영 옮김, 『철학의 원리』(아카넷, 2002년), 98~99쪽.

13   스피노자에 따르면 본질이란 그것이 없으면 사물이 없을 뿐만 아니라, 사물이 없으
 면 그것 역시 없는 그런 것이다. (『윤리학』 2부, 정의 2)

6장 미적분학의 창시자가 상상한 물리 세계

1 라이프니츠, 윤선구 옮김, 『형이상학 논고』(아카넷, 2010년), 78쪽.

2 라이프니츠, 윤선구 옮김, 『형이상학 논고』(아카넷, 2010년), 79쪽.

3 라이프니츠, 윤선구 옮김, 『형이상학 논고』(아카넷, 2010년), 80쪽.

4 라이프니츠, 윤선구 옮김, 『형이상학 논고』(아카넷, 2010년), 81쪽.

5 라이프니츠, 윤선구 옮김, 『형이상학 논고』(아카넷, 2010년), 83쪽.

6 라이프니츠, 윤선구 옮김, 『형이상학 논고』(아카넷, 2010년), 84쪽.

7 라이프니츠, 윤선구 옮김, 『형이상학 논고』(아카넷, 2010년), 85~86쪽.

8 "Considerations sur les principes de vie, et sur les natures plastiques, par l'auteur du systeme de l'harmonie preétablie," GP VI, p. 543.

9 Leibniz, *Principes de la nature et de la grace fondes en raison, Principes de la philosophie ou Monadologie*, publies par Andre Robinet, PUF, 2001, p. 111.

10 라이프니츠, 이상명 옮김, 『라이프니츠와 아르노의 서신』(아카넷, 2015년), 271쪽.

11 라이프니츠, 이상명 옮김, 『라이프니츠와 아르노의 서신』(아카넷, 2015년), 128쪽. 일부 필자 수정.

12 라이프니츠, 이상명 옮김, 『라이프니츠와 아르노의 서신』(아카넷, 2015년), 216쪽. 일부 필자 수정.

7장 불확실성 시대의 서곡: 우연과 진화로서의 세계

1 흄은 성격이 쾌활하고 원만해서 사교 범위가 넓었는데 『국부론(*The Wealth of Nations*)』(1776년)의 저자 애덤 스미스는 흄의 평생지기였으며 스코틀랜드 계몽주의를 이끌었던 주역들이기도 했다.

2 'rationalism'은 보통 '합리주의' 또는 '합리론'으로 번역되는데 본 논문에서는 '이성주의'로 번역하였다. 이유는 '합리주의'로 번역할 경우 경험주의 인식론은 비합리적이라는 오해를 불러일으킬 수 있기 때문이다.

3 「기적에 관하여」는 『인간 오성에 관한 이해(*An Enquiry Concerning Human Understanding*)』에 포함되어 있다.

4 흄은 작고하기 바로 직전인 1776년에 『자연 종교에 관한 대화』를 완성하였고 책은 1779년에 출판되었다.

5   W. E. Morris & C. R. Brown, "David Hume", *Stanford Encyclopedia of Philosophy*, 2001/2014, https://plato.stanford.edu/entries/hume/.

6   스티븐 호킹, 전대호 옮김, 『청소년을 위한 시간의 역사』(웅진출판사, 2009년) 참조.

7   https://www.telegraph.co.uk/science/2019/02/19/albert-einsteins-theory-relativity-inspired-scottish-philosopher/.

8   김인곤, 『플라톤, 「국가」』(서울 대학교 철학 사상 연구소, 2004년), 117~120쪽.

9   안셀무스의 존재론적 신 존재 증명은 개념 분석을 통해 신의 존재를 도출해 내는 선험적 논증이다. 즉 "신은 정의상 최고로 완벽한 존재다. 그런데 완벽함이란 개념은 존재라는 개념을 함축한다. 그러므로 신은 존재해야 한다."라고 주장하는 논증이 존재론적 신 존재 증명이다.

10   토마스 아퀴나스는 13세기 스콜라 철학자로서 중세 철학을 집대성했다고 평가받는다. 그는 그의 『신학 대전(*Summa Theologica*)』 1부에서 신에게로 이른 다섯 가지 길을 소개한다.

11   20세기 과학 철학자 쿤(Thomas Kuhn, 1922~1996년)은 『과학 혁명의 구조(*The Structure of Scientific Revolutions*)』(1962년)에서 이상 현상은 과학적 패러다임의 변화를 유도한다고 말한다.

12   흄 바로 다음 세대의 영국 신학자 윌리엄 페일리(William Paley, 1743~1805년)는 세계를 시계에, 신을 시계공에 비유하는 설계 논증을 만들어서 설계 논증을 대중화시킨다. 반면 진화 생물학자 클린턴 리처드 도킨스(Clinton Richard Dawkins, 1941년~)는 『눈먼 시계공(*The Blind Watchmaker*)』에서 페일리의 설계 논증을 비판한다.

13   흄은 『자연 종교에 관한 대화』 10장에서 악의 실재성이 유신론을 어떻게 위협하는지 자세하게 논의한다. 흄의 악의 실재성에 관한 논의는 이 문제에 관한 가장 뛰어난 논의라고 평가받는다.

14   존재론적 견해는 '최선의 설명에로의 추론(inference to the best explanation)'의 일종이라고 볼 수 있다. 최선의 설명에로의 추론은 '귀추적 추론(abductive inference)'이라고도 불리는데 '과학적 가설 찾기' 방법에 해당한다. 미국 실용주의 철학의 시조인 찰스 샌더스 퍼스(Charles Sanders Peirce, 1839~1914년)와 현존하는 철학자 그레이엄 하만(Graham Harman, 1968년~)에 의해 소개되었다.

15   흄은 『자연 종교에 관한 대화』 7장에서 동식물의 생장과 생식의 원리에 대해 자세

히 설명한다.

8장 뉴턴은 떨어진 사과에서 무엇을 놓쳤는가?

1   임마누엘 칸트, 이한구 편역, 「계몽이란 무엇인가에 대한 답변」, 『칸트의 역사철학』 (서광사, 2009년), 13쪽.

2   임마누엘 칸트, 백종현 옮김, 『순수 이성 비판』(아카넷, 2006년), 233쪽. (A11/B25) 칸 트 저작의 인용은 국문 번역본의 쪽수를 먼저 인용하고, 관례에 따라 베를린 학술원판 (AA)을 참조하여 인용함. 『순수 이성 비판』의 인용은 관례에 따라 A/B로 표기함.

3   임마누엘 칸트, 앞의 책, 168쪽. (A XII)

4   임마누엘 칸트, 앞의 책, 215쪽. (B1)

5   칸트는 선험적 인식과 후험적 인식을 다음과 같이 설명한다. "그러므로 앞으로 우리 는 선험적 인식이라는 말로써, 이런 경험 혹은 저런 경험으로부터 독립적으로 생긴 인 식이 아니라 단적으로 모든 경험으로부터 독립적으로 생긴 그런 인식을 의미할 것이 다. 이런 인식에 대립해 있는 것이 경험적인 인식, 말하자면 오직 후험적으로만, 곧 경험 을 통해서만 가능한 인식이다." 앞의 책, 216쪽. (B2~3)

6   칸트는 초월적 감성학이라고 불리는 장에서 시간과 공간을 "선험적 감성 원리들"로 제시한다. (A21/B35, 240쪽) 또한 같은 장에서 공간 개념을 기하학의 가능성을 통찰할 수 있게 하는 "원리"로서 설명한다. 앞의 책, 246쪽. (B40)

7   임마누엘 칸트, 김재호 옮김, 『자연 과학의 형이상학적 기초 원리』(한길사, 2018년), 198쪽. (4:469)

8   임마누엘 칸트, 앞의 책, 195쪽. (4:467)

9   임마누엘 칸트, 앞의 책, 195쪽. (4:467)

10   임마누엘 칸트, 앞의 책, 201쪽. (4:472)

11   임마누엘 칸트, 앞의 책, 201~202쪽. (4:472)

12   아이작 뉴턴이 대학생이던 1665년, 런던에서 흑사병이 대대적으로 퍼지면서 그가 재학 중이던 학교가 임시 휴교를 하게 되고, 뉴턴은 고향으로 돌아와 머무르게 된다. 뉴턴이 그의 정원에 있던 나무에서 사과가 떨어지는 것을 보고 만유인력의 법칙을 구 상해 냈다는 유명한 사과나무의 일화가 이 시기의 일인데, 일부 과학사 학자들은 이 일 화가 뉴턴의 천재성을 극적으로 미화하기 위해 지어낸 허구라고 주장하기도 했다. 실

제 뉴턴이 만유인력의 법칙을 체계적으로 제시한 것은 그로부터 20여 년이 지나 출판된『자연 철학의 수학적 원리』에서였으므로, 뉴턴이 떨어지는 사과를 보고 만유인력의 법칙을 단번에 확립하였다고 생각하는 것은 무리가 있다. 그러나 뉴턴과 가까웠던 영국의 과학자 윌리엄 스터클리(William Stukeley, 1687~1765년)가 쓴『뉴턴 경의 삶에 대한 회고(*Memoirs of Sir Isaac Newton's Life*)』가 최근 영국 왕립 협회에 의해서 공개되었는데, 뉴턴 본인이 사과가 수직으로 떨어지는 현상을 보고 지구의 중력에 대해서 떠올리게 되었다고 말했다는 구절이 있는 것으로 보아 뉴턴의 사과나무 일화가 완전한 거짓은 아닌 것으로 보인다. 뉴턴이 정말 사과나무에서 떨어지는 사과를 보고 만유인력의 법칙을 구상했는지는 과학사가들 사이에서 의견이 분분하지만, 최소한 뉴턴 본인이 친분이 있었던 복수의 지인들에게 그러한 일화에 대해 말했다는 것은 사실이라고 볼 수 있다.

13   아이작 뉴턴, 이무현 옮김,『프린키피아 제3권: 태양계의 구조』(교우사, 2016년), 198쪽.

14   임마누엘 칸트,『자연 과학의 형이상학적 기초 원리』(한길사, 2018년), 208~209쪽. 일부 번역 수정. (4:478~479)

15   I. Newton, ed. A. Janiak, *Isaac Newton: Philosophical Writings*. Cambridge: Cambridge University Press, 2004, p. 102.

16   I. Newton, Ibid., p. 103.

17   I. Newton, 앞의 책, 138쪽.

18   I. Newton, 앞의 책, 91쪽.

19   임마누엘 칸트,『자연 과학의 형이상학적 기초 원리』(한길사, 2018년), 239쪽. (4:499)

20   임마누엘 칸트, 앞의 책, 238쪽. (4:498)

21   임마누엘 칸트, 앞의 책, 238쪽. (4:498)

22   임마누엘 칸트, 앞의 책, 253쪽. (4:509)

23   임마누엘 칸트, 앞의 책, 262~263쪽. (4:515)

24   I. Newton, *Isaac Newton: Philosophical Writings*, p. 138.

25   임마누엘 칸트,『자연 과학의 형이상학적 기초 원리』(한길사, 2018년), 211쪽. (4:480)

26   임마누엘 칸트, 앞의 책, 211쪽. (4:480)

27   임마누엘 칸트, 앞의 책, 222쪽. 일부 번역 수정. (4:487)

28   임마누엘 칸트, 앞의 책, 223쪽. (4:488)

29   임마누엘 칸트, 앞의 책, 213쪽. (4:481)

30   임마누엘 칸트, 『순수 이성 비판』, 549쪽. (A327/B383)

31   임마누엘 칸트, 앞의 책, 550쪽. (A329/B385)

9장 절대적 관념론, 자연의 신비를 벗기다

1   프리드리히 W. J. 셸링, 한자경 옮김, 『철학의 원리로서의 자아』(서광사, 1999년), 16쪽.

2   임마누엘 칸트, 백종현 옮김, 『판단력 비판』(아카넷, 2009년), 164쪽. (BXXVIII)

3   칸트는 이러한 목적을 "사물들의 형식의 합목적성"이라 부른다. (앞의 책, 164~164쪽)

4   앞의 책, 541쪽. (B 437) 괄호는 인용자가 표시한 것이다.

5   프리드리히 W. J. 셸링, 한자경 옮김, 『자연 철학의 이념』(서광사, 1999년), 23쪽.

6   앞의 책, 26쪽.

7   앞의 책, 26쪽.

8   앞의 책, 30쪽.

9   앞의 책, 28쪽.

10   앞의 책, 48쪽.

11   앞의 책, 31쪽.

12   앞의 책, 31~32쪽.

13   앞의 책, 52~53쪽.

14   앞의 책, 55쪽.

15   앞의 책, 56쪽.

16   앞의 책, 59쪽.

17   앞의 책, 61쪽.

18   앞의 책, 80~81쪽.

19   앞의 책, 82쪽.

20   앞의 책, 73쪽.

21   앞의 책, 79쪽.

22   앞의 책, 98쪽.

23   프리드리히 W. J. 셸링, 한자경 옮김, 『인간 자유의 본질』(서광사, 1998년), 14쪽.

10장 절대 정신, 자연의 거울에 자신을 비추다

1   '마기스터'는 흔히 '석사 학위'로 번역되기도 하지만 헤겔 당시에 박사 학위에 해당한
    다고 볼 수 있다. 한스 프리드리히 풀다, 남기호 옮김, 『게오르그 빌헬름 프리드리히 헤
    겔』(용의숲, 2010년), 31쪽 참조.

2   헤겔의 사망 원인에 관해서 사실상 많은 논란이 있다. 많은 학자들이 콜레라라고 주
    장하지만 악성 종양의 가능성이 높다는 주장도 제기되고 있다. 앞의 책, 387쪽 참조.

3   G. W. F. Hegel, *Enzyklopädie der philosophischen Wissenschaften* II, Werke 9,
    Frankfurt am Main: Suhrkamp, 1970, §246, 23쪽; 게오르그 빌헬름 프리드리히 헤겔,
    박병기 옮김, 『헤겔 자연 철학』 1권(나남, 2008년), 45쪽.

4   한스 프리드리히 풀다, 남기호 옮김, 『게오르그 빌헬름 프리드리히 헤겔』(용의숲, 2010
    년), 185쪽.

5   *Enzyklopädie* §246, 21쪽; 『헤겔의 자연 철학』 1권(나남, 2008년), 41쪽.

6   *Enzyklopädie* §247, 24쪽; 『헤겔의 자연 철학』 1권(나남, 2008년), 48~49쪽.

7   *Enzyklopädie* §254, 42쪽; 『헤겔의 자연 철학』 1권(나남, 2008년), 90쪽.

8   *Enzyklopädie* §258, 48쪽; 『헤겔의 자연 철학』 1권(나남, 2008년), 105쪽.

9   *Enzyklopädie* §276, 119쪽; 『헤겔의 자연 철학』 1권(나남, 2008년), 263쪽 참조.

10 우리는 헤겔 『정신 현상학』의 「지각」 장, 「오성」 장 그리고 「이성」 장에서도 헤겔이
    전제하고 있는 17~18세기 자연 과학적 논의를 접할 수 있는데, 특히 헤겔은 로크, 뉴
    턴, 라이프니츠, 칸트 그리고 낭만주의적인 자연 철학에 관해 논의한다. 이에 대해선
    L. Siep, *Der Weg zur Phänomenologie des Geistes*, Frankfurt am Main: Suhrkamp,
    2000, 92쪽 이하 참조.

11 G. W. F. Hegel, *Phänomenologie des Geistes*, Hamburg: Felix Meiner Verlag,
    1988, 111쪽 이하 참조; 게오르그 빌헬름 프리드리히 헤겔, 임석진 옮김, 『정신 현상
    학』 1권(한길사, 2005년), 194쪽 이하.

12 *Enzyklopädie* §335, 333쪽; 『헤겔의 자연 철학』 1권(나남, 2008년), 703쪽.

13 *Enzyklopädie* §352, 435쪽; 『헤겔의 자연 철학』 2권, 215쪽.

14 헤겔에서 주체성(Subjektivität)은 자기 운동 속에서도 자신과 동일하게 남아 있을 수
    있음을 의미한다. 자연 철학에서는 이러한 주체성의 특성이 동물 유기체에서 잘 드러
    난다. 그러나 헤겔에서 이러한 주체성 개념은 자기를 인식하고 사유할 수 있는 정신 속

에서 궁극적으로 해명된다.

15   헤겔에서 죽음은 단지 생물학적인 관점에만 제한되지 않고 사회적이고 역사적인
     관점에서도 접근된다.

16   *Enzyklopädie* §375, 435쪽;『헤겔의 자연 철학』2권, 403쪽.

17   *Enzyklopädie* §251, 36쪽;『헤겔의 자연 철학』1권, 73쪽.

18   *Enzyklopädie* §376, 538쪽;『헤겔의 자연 철학』2권, 407쪽.

19   '인륜성'은 헤겔 철학의 핵심 개념 중의 하나이며, 헤겔은 '인륜성'이 형성되어 가는
     과정과 그 구조를『정신 현상학』의 「이성」장과 「정신」장에서 다루며,『법철학』에서는
     가족, 시민 사회 그리고 국가라는 세 요소를 통해 인륜성을 설명한다.

20   G. W. F. Hegel, *Grundlinien der Philosophie des Rechts*, Hamburg: Felix
     Meiner Verlag, 1955, §151; G. W. F. 헤겔, 임석진 옮김,『법철학』(한길사, 2008), §151.

저자 소개

김옥경

독일 튀빙겐 대학교에서 헤겔에 관한 연구로 박사 학위를 받았다. 논문으로는 「칸트와 헤겔에서 관념론의 의미와 구조」, 「헤겔에서 불행한 의식과 행복한 의식의 변증법」, 「라이프니츠와 헤겔에서 힘으로서의 실체와 주체」, 「헤겔『정신 현상학』에 나타난 사물과 사태의 구분」 등이 있다. 현재 서강 대학교 철학 연구소 연구 교수로 재직하고 있다.

김은주

프랑스 리용 고등 사범 학교에서 스피노자 연구로 박사 학위를 받았다. 주요 논문으로 「푸코-데리다 광기 논쟁을 통해 본 데카르트라는 사건」, 「스피노자 철학에서 개체의 복합성과 코나투스」, 번역서로 『지성 교정론』, 『스피노자 철학에서 개인과 공동체』, 저서로 『생각하는 나의 발견: 데카르트의 '방법서설'』이 있다. 현재 연세 대학교 철학과 교수로 재직하고 있다.

김종원

벨기에 루뱅 대학교 철학과에서 영국 근대 철학에 대한 연구로 박사 학위를 받았다. 논문으로는 「리드의 지각 이론에서 감각 작용과 개념 작용의 역할」, 「로크에서의 행위, 의지 그리고 자유 개념」, 「토마스 리드의 행위자 인과 이론」 등이 있다. 현재 서강 대학교에서 강의하고 있다.

박경남

미국 시카고 로욜라 대학교에서 칸트 연구로 철학 박사 학위를 받았다. 미국 시카고 로욜라 대학교에서 강의하였으며, 현재 서강 대학교와 가톨릭 대학교에서 강의하고 있다.

박제철

프랑스 파리 소르본 대학교에서 라이프니츠 연구로 박사 학위를 받았다. 저서로『라이프니츠의 형이상학』,『딜레마의 형이상학』,『동서 만남의 주어들』(공저), 번역서로『형이상학 강의: 전통 형이상학에 대한 분석적 탐구』등이 있다. 현재 서울 시립 대학교 의사 소통 센터 교수로 재직하고 있다.

서동욱

벨기에 루뱅 대학교 철학과에서 들뢰즈에 관한 연구로 박사 학위를 받았다. 저서로『차이와 타자』,『들뢰즈의 철학』,『일상의 모험』,『익명의 밤』,『철학연습』,『생활의 사상』등이, 엮은 책으로『싸우는 인문학』,『미술은 철학의 눈이다』,『스피노자의 귀환』(공편),『한 평생의 지식』(공편) 등이 있다. 현재 서강 대

저자 소개

학교 철학과 교수로 재직하고 있으며, 한국 프랑스 철학회 회장을 맡고 있다.

오은영

미국 뉴욕 시립 대학교 대학원에서 영미 분석 철학 분야로 박사 학위를 받았다. 주요 논문으로 "Kripke vs. Wittgenstein on the Notion of Rule-Following and Semantic Contextualism", 「전기 비트겐슈타인의 윤리적 가치와 행복에 대한 상대주의적 해석」, 「아리스토텔레스와 흄의 행복 개념 비교」 등이 있다. 현재 서강 대학교, 성균관 대학교, 고려 대학교, 이화 여자 대학교 등에서 강의하고 있다.

이광모

독일 빌레펠트 대학교에서 독일 관념론에 대한 연구로 박사 학위를 받았다. 저서로 『기로에 선 이성』, 『헤겔 철학과 학문의 본질』 등이 있다. 현재 숙명 여자 대학교 교수로 재직하고 있으며, 한국 헤겔 학회 회장을 역임했다.

이상헌

서강 대학교에서 칸트에 관한 연구로 박사 학위를 받았다. 저서로 『기술의 대융합』, 『인문학자, 과학 기술을 탐하다』, 『따뜻한 기술』, 『싸우는 인문학』(이상 공저), 『융합 시대의 기술 윤리』, 『철학자의 눈으로 본 첨단 과학과 불교』, 『철학, 과학 기술에 말을 걸다』, 『철학, 과학 기술에 다시 말을 걸다』 등이 있다. 현재 서강 대학교 전인 교육원 교수로 재직하고 있다.

홍우람

벨기에 루뱅 대학교 철학과에서 칸트에 관한 논문으로 박사 학위를 받았다. 주요 논문으로 「칸트의 『순수 이성 비판』에 나타난 '객관적 실재성' 개념의 충돌과 창조」, 「'세 번째 성찰'에서 대상적 실재성과 질료적 허위」, 「칸트의 비판 철학과 선험적 대상」 등이 있다. 현재 가톨릭 대학교 인간학 연구소 전임 연구원으로 재직하고 있다.

찾아보기

사

철학의 욕조를 떠도는
과학의 오리 인형

1판 1쇄 찍음 2021년 3월 15일
1판 1쇄 펴냄 2021년 3월 31일

지은이   김옥경, 김은주, 김종원, 박경남, 박제철, 서동욱, 오은영, 이광모, 이상헌, 홍우람
엮은이   서동욱
펴낸이   박상준
펴낸곳   (주)사이언스북스

출판등록   1997. 3. 24.(제16-1444호)
           (06027) 서울특별시 강남구 도산대로1길 62
대표전화   515-2000, 팩시밀리 515-2007
편집부   517-4263, 팩시밀리 514-2329
www.sciencebooks.co.kr

ISBN 979-11-91187-08-3 03100